本书系作者主持的国家社科基金一般项目"金融稳定法治的内在逻辑与实践路径研究"（编号：24BFX069)的阶段性成果之一。

民营经济促进法

热点法律问题十五讲

肖京 ◎ 著

中国法治出版社
CHINA LEGAL PUBLISHING HOUSE

前　言
Preface

2025年4月30日，十四届全国人大常委会第十五次会议表决通过《中华人民共和国民营经济促进法》（以下简称民营经济促进法），该法自2025年5月20日起施行。民营经济促进法是我国第一部专门关于民营经济发展的基础性法律，其制定出台是社会主义市场经济建设的标志性事件，在我国民营经济发展历程中具有里程碑意义。

民营经济促进法把党和国家关于民营经济发展的基本方针政策和实践中的一些有效做法用法律形式确立下来，将支持和保障民营经济发展的法律纳入中国特色社会主义法律体系，具有明显的创新价值。民营经济促进法第一次将坚持"两个毫不动摇"写入法律、第一次明确民营经济的法律地位、第一次在法律中规定"促进民营经济持续、健康、高质量发展，是国家长期坚持的重大方针政策"，充分彰显了党中央促进民营经济发展壮大的坚定决心，进一步向社会表明了发展民营经济是党和国家一以贯之并将长期坚持的方针政策。

为了更好地贯彻落实民营经济促进法，需要完整、准确、全面理解民营经济促进法。为此，笔者不揣冒昧，梳理民营经济促进法的主要问题，形成十五讲的内容，供读者学习时参考。

需要特别提醒的是，民营经济促进法涉及的内容广泛，政治性、政策性和专业性都非常强，在学习民营经济促进法时，如能够结合党中央、国务院相关文件，效果会更好。

随着民营经济促进法的出台与实施，相关配套法律法规和政策也会进一步完善，民营经济的法治保障机制也会进一步健全，民营经济将会迎来更为广阔的发展空间！

肖京

2025 年 5 月

目 录
Contents

第一部分　民营经济促进法精讲

第一讲　民营经济的法治保障 …………………………………… 3
　一、必须进一步强化促进民营经济发展壮大的法治保障 / 3
　二、完善促进民营经济发展壮大的法律体系 / 6
　三、提升促进民营经济发展壮大的执法水平 / 8
　四、加强促进民营经济发展壮大的司法保障 / 10
　五、夯实促进民营经济发展壮大的法治根基 / 11

第二讲　立法准备与正式立法 …………………………………… 13
　一、立法准备 / 13
　二、立法背景 / 15
　三、立法意义 / 16
　四、正式立法过程 / 17

第三讲　立法目的、立法思路与立法理念 …………………… 22
　一、立法目的 / 22
　二、立法思路 / 25
　三、立法理念 / 29

第四讲　立法的底层逻辑 ·· 33

  一、历史与现实之维的底层逻辑 / 33

  二、经济与社会之维的底层逻辑 / 36

  三、政治与政策之维的底层逻辑 / 40

  四、改革与法治之维的底层逻辑 / 45

  五、本讲小结 / 49

第五讲　立法的功能定位 ·· 50

  一、为什么要进行功能定位 / 50

  二、民营经济促进法的功能定位 / 52

  三、因应促进法功能定位的制度构建 / 55

第六讲　立法的部门定位 ·· 59

  一、为什么要进行部门定位 / 59

  二、应当将民营经济促进法定位为经济法 / 62

  三、因应经济法部门定位的制度构建 / 64

第七讲　立法的领域定位 ·· 68

  一、为什么需要进行领域定位 / 68

  二、民营经济领域的基本法 / 71

  三、因应基本法领域定位的制度构建 / 73

第八讲　制度体系与外部关系 ·· 77

  一、构建制度体系的思路 / 77

  二、现行法的制度体系 / 79

  三、民营经济促进法的外部关系 / 82

第九讲　公平竞争 ·· 86

  一、市场准入负面清单制度 / 86

  二、公平竞争审查制度 / 89

  三、平等使用、平等适用与平等对待 / 93

四、反垄断和反不正当竞争执法机构的职责 / 95
　　五、本讲小结 / 96

第十讲　投资融资促进 ·················· 97
　　一、投资促进 / 97
　　二、融资促进 / 100
　　三、其他相关政策和法律规范中涉及促进投资
　　　　融资的内容 / 102
　　四、本讲小结 / 106

第十一讲　科技创新 ·················· 107
　　一、本次立法关于科技创新的主要规定 / 107
　　二、其他相关政策和法律规范中涉及促进科技
　　　　创新的内容 / 112
　　三、本讲小结 / 116

第十二讲　规范经营 ·················· 117
　　一、本次立法关于规范经营的主要规定 / 117
　　二、其他相关政策和法律规范中涉及规范经营的内容 / 122
　　三、本讲小结 / 125

第十三讲　服务保障 ·················· 126
　　一、本次立法关于服务保障的主要规定 / 126
　　二、其他相关政策和法律规范中涉及服务保障的内容 / 134
　　三、本讲小结 / 137

第十四讲　权益保护 ·················· 138
　　一、本次立法关于权益保护的主要规定 / 138
　　二、其他相关政策和法律规范中涉及权益保护的内容 / 145
　　三、本讲小结 / 147

第十五讲　法律责任 ·············· 149
　一、本次立法关于法律责任的主要规定 / 149
　二、其他相关政策和法律规范中涉及法律责任的内容 / 156
　三、本讲小结 / 157

第二部分　民营经济高质量发展典型案例

人民法院助推民营经济高质量发展典型民商事案例 ·············· 161
最高人民法院促进民营经济发展典型刑事案例 ·············· 176

第三部分　民营经济法律法规速查

中华人民共和国民营经济促进法 ·············· 185
中华人民共和国中小企业促进法 ·············· 201
中华人民共和国反不正当竞争法（节录） ·············· 212
优化营商环境条例 ·············· 218

附　录

为新时代新征程民营经济持续、健康、高质量发展提供坚实
　法治保障 ·············· 237
　——全国人大常委会法工委负责人就民营经济促进法答
　　记者问

后　记 ·············· 244

第一部分
民营经济促进法精讲

第一讲　民营经济的法治保障

民营经济促进法是民营经济领域的重要立法，也是第一部专门立法，对于促进民营经济发展壮大具有十分重大的意义。深入学习和理解民营经济促进法，不能局限于民营经济促进法本身，而应当具有大局意识和系统观念，坚持从民营经济的法治保障体系的全局看待民营经济促进法。因此，本书第一讲的主题是民营经济的法治保障。本讲主要从法治保障的视角认识民营经济促进法相关问题，论证促进民营经济发展壮大必须强化法治保障，并从立法、执法、司法、守法各个环节梳理民营经济法治保障的主要问题。①

一、必须进一步强化促进民营经济发展壮大的法治保障

2022年10月，党的二十大报告明确提出，"促进民营经济发展壮大"，高度重视民营经济的发展壮大问题。2023年7月，中共中央、国务院发布《关于促进民营经济发展壮大的意见》，在充分肯定了民营经济重要地位和作用的基础上，明确提出要"强化民营经济发展法治保障"，并通过31条具体措施促进民营经济发展壮大。

---

① 本讲的主要内容以《进一步强化促进民营经济发展壮大的法治保障》为题发表于《清华金融评论》2024年第3期。需要说明的是，民营经济促进法已经于2025年4月30日正式出台，但考虑到内容的统一性，部分保留了2024年3月原文发表时的相关表述。

市场经济必然是法治经济，民营经济的发展壮大离不开法治保障作用的充分发挥，促进民营经济发展壮大必须进一步强化法治保障。

法治与市场经济具有天然的密切联系，发展社会主义市场经济就必须进一步加强法治建设。改革开放四十多年来的实践经验已经充分证明，法治在界定产权、保护产权、维护市场交易秩序、促进公平竞争等方面发挥着不可替代的重要作用。只有在法治的促进与保障作用下，市场配置资源的基础性作用才能得以充分发挥。一旦离开法治保障，就必然会出现产权不清晰、交易不安全、市场主体权益受到侵害等多方面的问题，必然会导致市场机制无法正常运行，进而影响经济健康发展目标的实现。随着我国社会主义市场经济体制的不断完善与全面依法治国的深入推进，法治已经与我国社会主义市场经济高度融合，成为我国社会主义市场经济体制不可或缺的重要基石和基础制度。"市场经济必然是法治经济"这一命题已经被社会各界广泛认可。

民营经济的发展壮大离不开法治保障作用的充分发挥，促进民营经济发展壮大必须进一步强化法治保障。党的十五大报告明确提出，"非公有制经济是我国社会主义市场经济的重要组成部分"，正式确立了民营经济在社会主义市场经济中的重要地位，有力促进了民营经济的发展壮大。从历史经验来看，我国民营经济的发展始终与法治建设紧密相连。改革开放以来的法治建设，不仅有力地推动了我国社会主义市场经济体制的不断完善，也为民营经济的快速发展提供了重要的法治保障。党的十八大以来，党中央更加重视民营经济的发展壮大及其法治保障问题。党的二十大报告特别强调"促进民营经济发展壮大"，并对民营经济发展壮大等问题进行了具体部署。2023年7月，中共中央、国务院发布的《关于促进民营经济发展壮大的意见》明确指出,"民营经济是推进中国式现代化的生力军",对民营经济在中国式现代化建设中的重要地位与重要作用进行了充分肯定。相对于公有制经济,作为非公有制经济的民营经济对法治保障的需求更加迫切。促进民营经济发展壮大必须进一步强化法治保障,离开法治的有力保障,民营经济主体的合法权益就无法得到有效保护,民营经济的发展壮大更是无从谈起。在实践中,个别地区侵害民营企业与企业家合法权益的问题仍然存在,亟须通过加强法治予以应对。因此,必须高度重视并充分发挥法治的重要保障作用,以更加完善的法治为民营经济的发展壮大提供有力的制度保障。

法治是最好的营商环境,促进民营经济发展壮大、推动民营经济高质量发展必须进一步强化法治保障。党的二十大报告强调"高质量发展是全面建设社会主义现代化国家的首要任务",并提出要"构建高水平社会主义市场经济体制",对经济高质量发展提出了全方位的新要求。无论是实现经济高质量发展的目标,还是构建高水平社会主义市场经济体制,都需要进一步促进民营经济发展壮大、推动民营经济高质量发展。党的十八大以来,我国法治建设取得了显著成效,对包括民营经济在内的社会主义市场经济发展起到了重要的促进和保障作用。但同时也要看到,与当前和今后一段时期党中央对促进民营经济发展壮大的总体要求相比,民营经济法治建设仍存在较大的可完善空间。在实践中,促进民营经济发展壮大的法律体系不健全、行政执法水平不高、司法保护不充分、守法意识不足的问题仍较为突出。党的二十大报告明确指出,"必须更好发挥法治固根本、稳预期、利长远的保障作用",突出强调要充分发挥法治的重要保障作用。在当前阶段,进一步强化促进民营经济发展壮大的法治保障,就必须始终坚持"社会主义市场经济本质上是法治经济""法治是最好的营商环境"的基本理念,更加充分地运用法治思维和法律手段解决民营经济发展壮大中的深层次问题。为此,需要从立法、执法、司法、守法等具体环节入手,坚持科学立法、严格执法、公正司法和全民守法,从法治建设的各个环节不断强化促进民营经济发展壮大的法治保障。

二、完善促进民营经济发展壮大的法律体系

坚持科学立法是强化促进民营经济发展壮大法治保障的首要环节。完善的法律体系是实现民营经济发展壮大的重要前提和基础,也是落实严格执法、公正司法、全民守法的先决条件。强化促进民营经济发展壮大的法治保障,必须首先从立法环节入手,坚持科学立法,尽快完善促进民营经济发展壮大的法律体系。改革开放以来,尤其是党的十八大以来,党中央高度重视民营经济相关立法工作,在立法环节不断强化对民营经济的法治保障,对我国民营经济的发展壮大起到了重要的促进和保障作用。2023年12月,十四届全国人大常委会第七次会议审议通过了刑法修正案(十二),从刑法层面强化对民营企业内部人员腐败犯罪的惩治,加强对民营企业健康发展的促进与保障。但同样需要注意的是,在民营经济促进法出台之前,关于促进民营经济发展壮大的相关法律规定主要散见于宪法、民法典、刑法、公司法、合伙企业法、个人独资企业法、企业破产法、反垄断法、反不正当竞争法、行政许可法、行政处罚法、刑事诉讼法、民事诉讼法、行政诉讼法以及《优化营商环境条例》等多部不同的法律法规之中,缺乏整体性、系统性和协调性,已经难以完全适应当前进一步促进民营经济发展壮大的现实需要。

为此，需要尽快完善促进民营经济发展壮大的法律体系。党的二十大报告明确提出，要"完善以宪法为核心的中国特色社会主义法律体系"，不仅对中国特色社会主义法律体系建设提出了更高的新要求，也为民营经济相关立法指明了方向。

完善促进民营经济发展壮大的法律体系，需要从以下三个方面入手。一是要尽快制定一部具有综合性的民营经济促进法，统领促进民营经济发展壮大的法律制度体系。如前文所述，目前关于促进民营经济发展壮大的相关法律规定散见于不同部门的法律法规之中，缺乏应有的整体性、系统性和协调性，已经不能适应当前促进民营经济发展壮大的现实需要。为了更好地促进民营经济发展壮大，很有必要制定一部具有综合性的民营经济促进法。新制定的民营经济促进法在立法定位上，应当是一部维护民营企业和企业家合法权益不受侵害、促进民营经济高质量发展的综合性法律。在具体制度设计方面，民营经济促进法必须科学设置、突出重点、切实有效，突出对民营经济主体的产权保护，确保民营经济主体在市场准入、投融资、公平竞争等重点领域受到法律平等保护和对待，避免对民营经济主体的不当禁止和限制，切实有效维护民营企业和民营企业家的合法权益。2024年2月，司法部、国家发展改革委、全国人大常委会法工委共同召开民营经济促进法立法座谈会，正式启动民营经济促进法的立法起草工作，标志着民营经济立法进入新阶段。社会各界对民营经济促进法的期望值都非常高。为此，必须在集思广益、广泛听取社会各界意见的基础上，最大限度凝聚各方共识，加快推进民营经济促进法立法进程，争取及早出台民营经济促进法，为促进民营经济发展壮大提供有力的法治保障。二是要及时修改完善现有的促进民营经济发展壮大的相关法律法规，从立法上进一步强化法治对民营经济的全面促进与保障。由于民营经济所涉及的领域相当广泛，仅仅通过一部民营经济促进法，不可能实现全面促进和保障民营经济发展壮大的效果。为此，需要根据促进民营经济发展壮大的现实需求，及时修改完善宪法、行政法、刑法、民商法、经济法、社会法等领域的法律法规，对民营经济发展壮大进行全方位、多层次、高质量的法律促进与保障。三是要因地制宜，积极探索促进民营经济发展壮大地方立法新路径。促进民营经济发展壮大，既要高度重视对以往历史经验的及时总结与充分借鉴，更要积极探索新时代促进民营经济发展壮大的新路径。由于民营经济的发展壮大与当地的具体实际情况具有直接关系，积极探索适合当地民营经济发展壮大的地方立法新路径就显得尤为重要和迫切。当前，全国已有多个城市出台了促进民营经济发展的地方立法，对当地民营经济的发展壮大起到了重要的保障作用。

三、提升促进民营经济发展壮大的执法水平

坚持严格执法是强化促进民营经济发展壮大法治保障的关键环节。强化促进民营经济发展壮大的法治保障，不仅需要完善的法律制度体系，还需要在执法环节多下功夫，坚持严格执法、科学执法、平等执法、高效执法、人性化执法，不断提升促进民营经济发展壮大的执法水平。党的十八大以来，国务院高度重视营商环境建设与法治政府建设，多措并举不断优化营商环境，取得了显著成效。2022年，国务院办公厅印发《关于进一步优化营商环境降低市场主体制度性交易成本的意见》（国办发〔2022〕30号），明确提出要"降低制度性交易成本"，不断优化营商环境，为民营经济的发展提供了重要保障。2023年，国家发展改革委等部门发布的

《关于实施促进民营经济发展近期若干举措的通知》中明确提出要"优化涉企服务""提升惠企政策和服务效能"。党的二十大报告明确提出,"扎实推进依法行政""提高行政效率和公信力",对行政执法提出了更高标准的新要求。随着我国法治政府建设的不断推进,行政执法水平有了显著提高,为促进民营经济发展壮大提供了重要的法治保障。但同时也要看到,在涉及民营经济的行政执法环节,仍存在一些突出问题。在部分地区,行政执法不作为、乱作为,以及执法不严格、不规范、不文明、不透明等问题仍偶有发生,随意执法、胡乱执法、以罚代管、程序意识淡薄等问题仍较为突出,乱收费、乱罚款等侵害民营经济主体合法权益的现象依然存在。为此,需要进一步严格执法,提升促进民营经济发展壮大的执法水平。

提升促进民营经济发展壮大的执法水平,需要重点做好以下四个方面的工作:一是要进一步增强行政执法机关及其工作人员的大局意识、服务意识和创新意识。在实践中,部分地区仍存在认识不到位、大局意识不够、服务意识不强、创新意识不足等方面的突出问题,严重影响民营经济的发展壮大。为此,必须进一步强化行政执法机关及其工作人员的大局意识、服务意识和创新意识,以更好地服务民营经济发展壮大。二是要进一步提高行政执法人员服务民营经济的素质和能力。在当前百年未有之大变局加速演进的特殊时期,民营经济的发展在客观上对行政执法提出了更高的新要求。尤其是面对数字化、信息化带来的新挑战,必须进一步提高行政执法人员服务民营经济发展壮大的素质和能力。三是要进一步规范行政执法程序,提高行政效率和政府公信力,坚决避免不作为、乱作为和胡乱执法、选择执法等不利于民营经济发展的行为。四是要进一步强化行政执法监督机制，严格落实行政执法责任制与责任追究制度，切实有效保护民营企业与企业家的合法权益。

四、加强促进民营经济发展壮大的司法保障

坚持公正司法是强化促进民营经济发展壮大法治保障的重要环节。强化促进民营经济发展壮大的法治保障，就必须严格公正司法、坚守公平正义底线，持续加强促进民营经济发展壮大的司法保障。党的二十大报告明确指出，"公正司法是维护社会公平正义的最后一道防线"。强化促进民营经济发展壮大的法治保障，不仅需要坚持科学立法、严格执法，更需要坚持公正司法。如果司法不公正，就失去了维护社会公平正义的最后一道防线，民营经济主体的合法权益就难以得到有效保障，民营经济的发展壮大更是无从谈起。为此，最高人民法院发布的《关于优化法治环境促进民营经济发展壮大的指导意见》专门强调，要"坚持全面贯彻依法平等保护原则""运用法治方式促进民营经济做大做优做强""依法保护民营企业产权和企业家合法权益""持续提升司法审判保障质效"，对涉及民营经济的司法工作提出了更为明确的具体要求。

加强促进民营经济发展壮大的司法保障，需要从以下四个方面重点推进。一是要坚决贯彻落实对民营经济平等保护的基本原则，在司法领域做到对民营经济一视同仁，确保民营企业和企业家在诉讼地位方面和诉讼权利方面平等，坚决反对各种不同形式的歧视和不正当区别对待。二是要全面加强对民营经济主体合法权益的司法保障，在司法实践中尤其要严格区分经济纠纷与违法犯罪，严格落实罪刑法定的刑法基本原则，确保民营企业产权和民营企业家的合法人身权利不受非法侵害。三是要进一步规范司法程序，坚持程序正义，严格按照法律规定的程序处理涉及民营经济案件，切实有效保障民营企业和企业家的各项诉讼权利不受侵害和非法剥夺。四是要进一步强化涉民营经济案件的审判监督机制，在依法稳慎审理涉民营企业案件的同时，注重加强对涉民营企业案件的审判监督管理，严格落实错案责任追究制度，切实保障民营企业和企业家的合法权益。

五、夯实促进民营经济发展壮大的法治根基

坚持全民守法是强化促进民营经济发展壮大法治保障的基础环节。强化促进民营经济发展壮大的法治保障，就必须大力弘扬法治精神，加快建设法治社会，坚持全民守法，全面夯实促进民营经济发展壮大的法治根基。党的二十大报告明确指出，"法治社会是构筑法治国家的基础"，对法治社会建设的重要意义进行了重点强调。事实上，法治社会不仅是构建法治国家的基础，还是促进民营经济发展壮大的重要基石。民营经济的发展壮大，离不开全民对法治的信仰和遵守，离不开良好的法治环境。促进民营经济发展壮大，必须坚持全民守法，全面夯实促进民营经济发展壮大的法治根基。

夯实促进民营经济发展壮大的法治根基，需要从以下三个方面重点推进：

一是要广泛开展形式多样的法治宣传教育，大力弘扬社会主义法治精神，不断增强全民法治观念，尽快形成全民守法的良好社会氛围。法治社会是促进民营经济发展壮大的重要基石。因此，必须通过广泛的宣传教育培养民众法治观念，形成全民守法的良好社会氛围，夯实促进民营经济发展壮大的法治根基。需要注意的是，由于法治观念的培养与法治社会的建设不可能一蹴而就，法治宣传教

育也必须长期坚持、久久为功。

二是要进一步强化民营企业家的合法经营意识，通过设置相应的奖惩机制，促使民营企业家真正认识到守法的重要性与违法的严重危害性，自觉做到真正信仰法律、遵守法律。市场经济必然是法治经济，民营经济要发展壮大，就必须进一步强化法治意识，把"合法合规"理念贯穿企业经营的始终。

三是要确保国家机关及其工作人员带头守法，充分发挥示范带头作用，并以此促进尊法学法守法用法良好社会氛围的形成。全民守法，国家机关及其工作人员必须首先带头守法。党的二十大报告明确指出，"坚持法治国家、法治政府、法治社会一体建设"，对法治国家、法治政府、法治社会之间的密切关系进行了重点强调。坚持全民守法，国家机关及其工作人员必须做到带头守法。如果行政机关及其工作人员做不到带头守法，就难以形成全民守法的社会氛围。

总之，市场经济必然是法治经济，促进民营经济发展壮大必须进一步强化法治保障。强化促进民营经济发展壮大的法治保障是一项较为复杂的系统性工程。为此，需要从立法、执法、司法、守法等多个环节入手，在立法环节尽快完善促进民营经济发展壮大的法律体系，在执法环节不断提升促进民营经济发展壮大的执法水平，在司法环节持续加强促进民营经济发展壮大的司法保障，在守法环节全面夯实促进民营经济发展壮大的法治根基，构建体系完备、公平高效、公正廉明、和谐统一的促进民营经济发展壮大的法治保障体系。

第二讲　立法准备与正式立法

2025年4月30日，十四届全国人大常委会第十五次会议表决通过民营经济促进法，该法自2025年5月20日起施行。学习和理解民营经济促进法相关内容，需要对民营经济促进法的立法准备阶段、立法背景、重大意义和正式立法过程等方面的内容有所了解。通过对立法背景和立法过程的了解，加深对民营经济促进法立法必要性、紧迫性和重大意义的理解。为此，本讲以时间为主线，梳理民营经济促进法的立法过程。

一、立法准备

民营经济促进法在正式进入立法程序之前，经历了一个较长时间的讨论和准备过程。这一准备过程既体现在对民营经济认识的深化，也体现在与民营经济相关政策的出台。

民营经济是改革开放的产物，自改革开放以来，民营经济迎来了快速发展的历史阶段。民营经济的快速发展必然需要相应的法治对其进行保障。在民营经济促进法出台之前，关于促进民营经济发展壮大的相关法律规定主要散见于宪法[①]、民法典、刑法、公司法、

[①] 为行文简洁，方便读者阅读，本部分所涉法律使用简称，如《中华人民共和国民法典》简称为民法典。下文不再特别说明。

合伙企业法、个人独资企业法、企业破产法、反垄断法、反不正当竞争法、行政许可法、行政处罚法、刑事诉讼法、民事诉讼法、行政诉讼法以及《优化营商环境条例》等多部不同的法律法规之中，缺乏整体性、系统性和协调性，已经难以适应当前进一步促进民营经济发展壮大的客观需要。此外，从现实需求的角度来看，民营经济对社会主义市场经济的繁荣发展作出了贡献，但也存在一些制约民营经济进一步发展壮大的因素，很有必要通过专门立法促进民营经济发展壮大。

党的十八大以来，党中央、国务院更加重视民营经济的发展壮大，多措并举促进民营经济发展壮大。2022年10月，党的二十大报告强调要"优化民营企业发展环境，依法保护民营企业产权和企业家权益，促进民营经济发展壮大"[1]，对促进民营经济发展壮大提出了明确要求。2023年7月，发布《中共中央 国务院关于促进民营经济发展壮大的意见》，对民营经济的重要性进行了充分肯定，分别从总体要求、持续优化民营经济发展环境、加大对民营经济政策支持力度、强化民营经济发展法治保障、着力推动民营经济实现高质量发展、促进民营经济人士健康成长、持续关心促进民营经济发展壮大社会氛围、加强组织实施八个方面对促进民营经济发展壮大相关问题进行全面部署，其中特别强调要"强化民营经济发展法治保障"，[2] 高度重视法治对民营经济的重要促进作用，充分体现了加强民营经济发展法治保障的必要性和紧迫性。2023年9月，国家发展改革委宣布设立专门机构——民营经济发展局，聚焦促进民营

---

[1] 习近平：《高举中国特色社会主义伟大旗帜 为全面建设社会主义现代化国家而团结奋斗——在中国共产党第二十次全国代表大会上的报告》，人民出版社2022年版，第29页。

[2] 《中共中央 国务院关于促进民营经济发展壮大的意见》，人民出版社2023年版，第7~9页。

经济发展壮大,[①] 从组织机构和建设方面加强对民营经济发展的促进。

从民营经济促进法的主要内容回过头来看民营经济促进法出台之前的政策措施,可以深刻感受到,民营经济促进法在很大程度上是对以往重要方针政策的法律确认,从而加深对民营经济促进法的认识和理解。

二、立法背景

立法背景是理解民营经济促进法的重要内容,关于立法背后的历史与现实、经济与社会、政治与政策、改革与法治等方面的底层逻辑,本书后面的内容会有详细分析,这里仅列举中国人大网公布的立法背景。中国人大网公布的《关于〈中华人民共和国民营经济促进法(草案)〉的说明——2024年12月21日在第十四届全国人民代表大会常务委员会第十三次会议上》表述如下:

党中央、国务院高度重视促进民营经济发展。改革开放以来,在党的理论和路线方针政策指引下,我国民营经济快速发展,日益成为国民经济的重要组成部分。党的十八大以来,以习近平同志为核心的党中央高度重视发展民营经济,采取一系列重大举措,民营经济在我国国民经济和社会发展中的作用持续提升,成为推进中国式现代化的生力军、高质量发展的重要基础,是推动我国全面建成社会主义现代化强国、实现第二个百年奋斗目标的重要力量。党的二十届三中全会明确提出,制定民营经济促进法。作为我国第一部专门关于民营经济发展的基础性法律,将改革开放以来特别是党的

[①] 肖京:《进一步强化促进民营经济发展壮大的法治保障》,载《清华金融评论》2024年第3期。

十八大以来，党中央、国务院关于民营经济的方针政策和实践中的有效做法确定为法律制度，有助于巩固改革成果，回应各方关切，提振发展信心，更好发挥法治固根本、稳预期、利长远的保障作用，营造有利于包括民营经济在内的各种所有制经济共同发展的法治环境和社会氛围。制定民营经济促进法已分别列入全国人大常委会和国务院2024年度立法工作计划。

三、立法意义

学习民营经济促进法，必须充分认识制定民营经济促进法的重大意义。制定民营经济促进法，是贯彻落实党中央、国务院在民营经济领域重大决策部署的必然要求，是促进民营经济发展壮大的重要保障，是完善中国特色社会主义法治体系的重要环节，具有十分重大的理论和现实意义。

首先，制定民营经济促进法，是贯彻落实中央在民营经济领域重大决策部署的必然要求。党的十八大以来，中央高度重视民营经济的发展壮大，多措并举促进民营经济发展壮大。党的二十大报告强调，要"优化民营企业发展环境，依法保护民营企业产权和企业家权益，促进民营经济发展壮大"，对促进民营经济发展壮大提出了明确要求。2024年7月，党的二十届三中全会强调，要"制定民营经济促进法"，以文件的形式对民营经济促进法立法工作进行明确。2025年2月，习近平总书记在民营企业座谈会上强调，"扎扎实实落实促进民营经济发展的政策措施，是当前促进民营经济发展的工作重点"，[1] 高度重视民营经济政策措施的落实问题。

---

[1] 参见《求是网评论员：扎扎实实落实促进民营经济发展的政策措施》，载求是网，http://www.sxdygbjy.gov.cn/llxx/plywz/art/2025/art_ 6d2073547da74fa0a47e63f799f94454.html，最后访问时间：2025年6月1日。

其次，制定民营经济促进法，是促进民营经济发展壮大的重要保障。市场经济必然是法治经济，法治是最好的营商环境，促进民营经济发展壮大必须进一步强化法治保障，需要从法律层面进一步保护民营企业与企业家合法权益，预防和杜绝行政执法不作为、乱作为以及执法不严格、不规范、不文明、不透明等问题出现，防止以罚代管，增强行政执法人员程序意识。

最后，制定民营经济促进法，是完善中国特色社会主义法治体系的重要环节。党的二十届三中全会明确提出，"法治是中国式现代化的重要保障"，强调要"完善中国特色社会主义法治体系"，要"加强重点领域、新兴领域、涉外领域立法"，并专门提出要"制定民营经济促进法"，充分体现了民营经济促进法在中国特色社会主义法治体系中的重要地位。完善中国特色社会主义法治体系需要从多个环节、多个层面入手，加强重点领域立法是完善中国特色社会主义法治体系的关键着力点。民营经济是我国经济的重要组成部分，在稳定增长、促进创新、增加就业、改善民生等方面发挥着十分重要的作用，制定民营经济促进法是加强重点领域立法的应有之义，也是完善中国特色社会主义法治体系的重要环节。

四、正式立法过程

民营经济促进法的正式立法过程大致可以分为四个阶段，分别是立法工作正式启动、草案初次审议、草案二次审议、草案三次审议与表决通过。

（一）立法工作正式启动

从媒体公开的消息来看，立法工作正式启动至少有以下几个标志性事件。2024年2月，司法部、国家发展改革委、全国人大常委会法工委共同召开的立法工作座谈会明确，民营经济促进法起草工作已经启动，[①] 标志着民营经济促进法正式进入立法进程。随后，2024年3月，十四届全国人大第二次会议宣布，将制定民营经济促进法等法律。2024年7月，党的二十届三中全会强调要"制定民营经济促进法"，[②] 以文件的形式对民营经济促进法立法工作进行明确。2024年10月，司法部、国家发展改革委公布《民营经济促进法（草案征求意见稿）》并向社会公开征求意见，[③] 标志着民营经济促进法立法进程进一步加快。2024年12月召开的中央经济工作会议明确提出，2025年要抓好的重点任务之一就是出台民营经济促进法。[④]

从《关于〈中华人民共和国民营经济促进法（草案）〉的说明——2024年12月21日在第十四届全国人民代表大会常务委员会第十三次会议上》的相关表述来看，有关部门做了如下工作：

按照有关工作部署，司法部、国家发展改革委商请全国人大常委会法工委共同牵头组建了由17家中央有关单位组成的立法起草工作专班。工作专班深入贯彻落实党中央、国务院方针政策，认真学习领悟习近平总书记关于民营经济发展的重要指示精神，梳理当前民营经济发展面临的问题，收集整理相关政策文件，分赴地方调研，多次召开座谈会听取民营经济组织代表、专家学者等的意见建

[①] 祝嫣然：《民营经济促进法起草工作启动 将回应民企核心关切》，载《第一财经日报》2024年2月22日，第6版。

[②] 《中共中央关于进一步全面深化改革、推进中国式现代化的决定》，人民出版社2024年版，第7页。

[③] 王金虎：《民营经济促进法草案向社会公开征求意见》，载《光明日报》2024年10月12日，第4版。

[④] 《中央经济工作会议在北京举行》，载《人民日报》2024年12月13日，第1版。

议，与中央有关单位进行专题研究、深入论证，数易其稿。形成初稿后，听取了21家中央和国家机关有关单位意见，修改完善后又送至53家中央和国家机关有关单位、31个省（自治区、直辖市）人民政府征求意见。工作专班对各个方面提出的近千条意见逐条认真研究、吸收采纳，再行组织专家论证，与各有关方面反复沟通协调，修改形成草案征求意见稿。党的二十届三中全会后，对标全会精神又作了进一步修改完善。2024年10月10日至11月8日，司法部、国家发展改革委将草案征求意见稿向社会公开征求意见。公开征求意见结束后，对社会各界提出的意见和建议进行归集整理，会同有关方面认真研究、修改形成了草案。草案已经国务院常务会议讨论通过。

（二）草案初次审议

2024年12月，十四届全国人大常委会第十三次会议对《民营经济促进法（草案）》进行初次审议，[1]并向社会公开征求意见，民营经济促进法立法取得新进展。

（三）草案二次审议

值得注意的是，在草案进行二次审议之前的2025年2月17日，召开的民营企业座谈会，"党和国家对民营经济发展的基本方针政策，已经纳入中国特色社会主义制度体系，将一以贯之坚持和落实，不能变，也不会变"，特别强调要"扎扎实实落实促进民营经

---

[1] 《十四届全国人大常委会第十三次会议审议多部法律草案》，载《人民日报》2024年12月22日，第4版。

济发展的政策措施"[1]，有力推动了民营经济促进法的立法进程。

2025年2月24日，十四届全国人大常委会第十四次会议对《民营经济促进法（草案）》进行第二次审议，标志着民营经济促进法立法进程进一步加速。

（四）草案三次审议与表决通过

2025年4月27日，十四届全国人大常委会第十五次会议对草案进行了第三次审议。第三次审议之后，又按照委员们的意见对草案进行了修改。

2025年4月29日，向全国人民代表大会常务委员会进行汇报。相关修改内容体现在中国人大网公布的《全国人民代表大会宪法和法律委员会关于〈中华人民共和国民营经济促进法（草案三次审议稿）〉修改意见的报告》。

2025年4月30日，十四届全国人大常委会第十五次会议审议表决通过了民营经济促进法，该法于2025年5月20日正式实施。至此，民营经济促进法立法画上了完满句号。

需要注意的是，民营经济促进法是我国第一部专门关于民营经济发展的基础性法律，亮点频现。例如，填补了民营经济领域专门立法的空白。通过这部法律系统地明确了民营经济的法律地位。在法律中明确规定民营经济是社会主义市场经济的重要组成部分，是推进中国式现代化的生力军，是高质量发展的重要基础，是推动我国全面建成社会主义现代化强国、实现中华民族伟大复兴的重要力量。此外，还将坚持"两个毫不动摇"写入法律将，促进"两个健

---

[1] 《民营经济发展前景广阔大有可为 民营企业和民营企业家大显身手正当其时》，载《人民日报》2025年2月18日。

康"写入法律；同时，在法律中明确，促进民营经济持续健康、高质量发展，是国家长期坚持的重大方针政策；在法律中明确支持民营经济组织参与国家重大战略和重大工程；在法律中明确支持有能力的民营经济组织牵头承担国家重大技术攻关任务；在法律中明确大型企业向中小民营经济组织采购货物、工程、服务等，应当合理约定付款期限并及时支付账款，不得以收到第三方付款作为向中小民营经济组织支付账款的条件。由此可见，民营经济促进法的出台，是民营经济立法史上具有里程碑意义的重大事件。

第三讲　立法目的、立法思路与立法理念

立法目的、立法思路和立法理念是理解民营经济促进法的主线，这三个方面的问题具有紧密的联系。深入学习和理解民营经济促进法相关内容，需要对民营经济促进法立法目的、立法思路和立法理念有清晰的认识。为此，本讲专门对民营经济促进法的立法目的、立法思路与立法理念进行讲述。需要说明的是，由于学界对民营经济促进法的立法目的、立法思路和立法理念的理解和认识并不完全相同，所以本讲同时附上了有关机关在立法说明中的相关表述，供读者们学习时参考。

一、立法目的

民营经济促进法的立法目的在具体法律条文中有明确表述，集中体现在该法的第 1 条："为优化民营经济发展环境，保证各类经济组织公平参与市场竞争，促进民营经济健康发展和民营经济人士健康成长，构建高水平社会主义市场经济体制，发挥民营经济在国民经济和社会发展中的重要作用，根据宪法，制定本法。"具体而言，可从以下五个方面进行理解。

一是优化民营经济发展环境。由于民营经济在我国经济社会中的重要地位和发挥的重要作用，必须多措并举优化民营经济发展环

境。优化民营经济发展环境是民营经济促进法最为直接的立法目的。由此可见，民营经济促进法立法的直接目的仍然是出于经济层面的考虑。当然，由于民营经济与民生问题联系密切，优化民营经济发展环境不仅具有经济层面的重要意义，还具有社会层面的重要作用。党中央、国务院多个文件中都强调了优化民营经济发展环境。尤其是2023年7月发布的《中共中央 国务院关于促进民营经济发展壮大的意见》，更是对优化民营经济发展环境相关问题进行了具体规定。本次立法将优化民营经济发展环境作为重要的立法目的，也充分体现了对已有政策的法律确认。

二是保证各类经济组织公平参与市场竞争。公平参与市场竞争是市场经济的灵魂。只有保证各类经济组织公平参与市场竞争，才能更好地实现经济健康持续发展。民营经济促进法将"保证各类经济组织公平参与市场竞争"作为重要的立法目的，就是针对现实中制约民营经济发展壮大的突出问题做出的明确回应。长期以来，民营经济在经济社会中发挥着十分重要的作用，但在公平参与市场竞争方面仍然处于不利地位。为此，民营经济促进法特别强调要保证各类经济组织公平参与市场竞争，并将其列入立法目的之中。需要注意的是，这里的保证各类经济组织公平参与市场竞争，体现的是平等对待、平等保护的理念，并不构成对非民营经济的歧视与限制。

三是促进民营经济健康发展和民营经济人士健康成长。促进民营经济健康发展和民营经济人士健康成长包括两层含义：一是促进民营经济健康发展；二是促进民营经济人士健康成长。这里的"促进"具有主动、正面的积极含义，这里的"健康发展"强调的是对民营经济的规范。民营经济在经济社会发展中发挥着不可替代的重要作用，但同时也应当看到，民营经济的健康发展需要法律对其规范。当然，民营经济健康发展离不开民营经济人士积极作用的充分发挥，民营经济人士对民营经济健康发展具有十分重要的影响。因此，本次立法在立法目的中明确强调要促进民营经济人士健康成长。这里的促进民营经济人士健康成长主要是从政治素养的培养和经营能力提升等方面的促进，当然也包括积极吸收优秀的民营经济人士依法参加各种政治活动，提高民营经济人士依法参政议政和规范经营等方面的能力。

四是构建高水平社会主义市场经济体制。民营经济是社会主义市场经济的重要组成部分，民营经济的发展状况直接影响到社会主义市场经济的发展状况。党的二十届三中全会明确提出要构建高水平社会主义市场经济体制，明确提出高水平社会主义市场经济体制是中国式现代化的重要保障，并对构建高水平社会主义市场经济体制进行了总体部署。在构建高水平社会主义市场经济体制的总体部署中，就包含了"制定民营经济促进法"。制定民营经济促进法是贯彻落实党的二十届三中全会关于构建高水平社会主义市场经济体制总体部署的必然要求。因此，构建高水平社会主义市场经济体制也是制定民营经济促进法的重要立法目的。

五是发挥民营经济在国民经济和社会发展中的重要作用。通过制定民营经济促进法促进民营经济健康发展，归根到底还是要发挥民营经济在国民经济和社会发展中的重要作用，更好地为中国式现代化建设服务。因此，发挥民营经济在国民经济和社会发展中的重要作用也是民营经济促进法的重要立法目的。

由此可见，民营经济促进法的立法目的并非单一的，而是具有经济、政治、社会、法治等多方面的考虑。这也是笔者特别强调要加深对民营经济促进法立法背景认识的原因之所在。民营经济促进法具有较强的政策导向特征，不同于一般技术性法律法规。学习民营经济促进法，需要从经济、社会、政治、政策等多个层面加深对民营经济促进法的理解和认识。

二、立法思路

立法思路直接影响到立法的基本走向、制度建构与实际效能，关乎立法成败。因此，需要在宏观上明确民营经济促进法的立法思路，以准确理解民营经济促进法的条文内涵与具体内容。对民营经济促进法的立法思路的理解和认识，可以分别从广义和狭义的角度进行。

从广义的角度来看，宪法中明确规定的指导思想同样适用于民营经济促进法，是构成民营经济促进法的总体思路的重要内容。其依据在于民营经济促进法第1条明确规定"根据宪法，制定本法"。宪法序言中表述的"中国各族人民将继续在中国共产党领导下，马克思列宁主义、毛泽东思想、邓小平理论、'三个代表'重要思想、科学发展观、习近平新时代中国特色社会主义思想，指引下，……不断完善社会主义的各项制度，发展社会主义市场经济"也是民营经济促进法的指导思想。习近平新时代中国特色社会主义思想内容十分丰富，涵盖改革发展稳定、内政外交国防、治党治国治军等各个领域、各个方面，其中关于经济、改革、法治的相关内容对民营经济促进法立法具有更加直接的指导作用。

从狭义的角度来看，民营经济促进法的立法思路主要规定在民营经济促进法第2条："促进民营经济发展工作坚持中国共产党的领导，坚持以人民为中心，坚持中国特色社会主义制度，确保民营经济发展的正确政治方向。国家坚持和完善公有制为主体、多种所有制经济共同发展，按劳分配为主体、多种分配方式并存，社会主义市场经济体制等社会主义基本经济制度；毫不动摇巩固和发展公有制经济，毫不动摇鼓励、支持、引导非公有制经济发展；充分发挥市场在资源配置中的决定性作用，更好发挥政府作用。"

总体来看，民营经济促进法的立法思路可以概括为：坚持党的全面领导，坚持以人民为中心，坚持中国特色社会主义制度，坚持"两个毫不动摇"，坚持系统观念，坚持问题导向。具体而言，需要重点把握以下五个方面。

一是坚持党的全面领导。坚持党的全面领导，是确保民营经济促进法立法朝着正确方向前进的根本保证，也是制定民营经济促进法需要坚持的首要原则。党的领导是中国特色社会主义最本质的特征，也是社会主义法治最根本的保证。坚持党的全面领导是中国共产党领导中国人民百年奋斗历史经验的总结，也是应对现实问题的必然要求。从政治与政策之维来看，制定民营经济促进法既有政治层面的总体布局，也有政策层面的综合考虑。为确保民营经济促进法立法朝着正确的方向前进，就必须坚持党的全面领导。为此，需要从以下三个方面着手：首先，必须把坚持党的全面领导贯穿于立法全过程，确保在立法的各个环节都要充分发挥党在制定民营经济促进法中的重要作用。其次，要在民营经济促进法中明确规定促进民营经济发展工作必须坚持中国共产党的领导，为党对民营经济发展工作的全面领导提供直接的法律依据。最后，要在具体条文中充分体现党的全面领导，健全党领导促进民营经济发展工作的工作机制。总之，坚持党的全面领导是民营经济促进法立法的首要原则，必须牢牢把握。从民营经济促进法的具体条文来看，关于党的领导主要规定在第2条、第3条和第34条之中，共出现了9次，较好体现了坚持党的全面领导这一立法思路。

二是坚持以人民为中心。坚持以人民为中心是制定民营经济促进法需要坚持的重要原则。民营经济大多与民生领域紧密相连，在保障和改善民生、促进就业、维护社会和谐稳定等方面都发挥着十分重要的作用，制定民营经济促进法的底层逻辑之一就是要通过促进民营经济发展壮大实现增进人民福祉的社会功效。从这种意义上讲，制定民营经济促进法就是践行人民至上的理念，就是坚持以人民为中心的根本立场。在制定民营经济促进法的过程中，不仅要在相关条文中明确规定坚持以人民为中心的原则，还要在各项相关条文中充分体现坚持以人民为中心的根本立场，把坚持以人民为中心的原则贯穿在民营经济促进法的全部领域。此外，制定民营经济促进法还必须坚持走群众路线，让群众积极参与立法，最大限度增强立法的公众参与度，充分体现坚持以人民为中心的原则。总之，民营经济直接关系到人民群众的切身利益，在立法过程中必须始终坚持以人民为中心，制定出一部真正反映人民利益的法律。

三是坚持中国特色社会主义制度与"两个毫不动摇"。中国特色社会主义制度涵盖的内容十分广泛，包括人民代表大会制度这一根本政治制度；中国共产党领导的多党合作和政治协商制度；民族区域自治制度以及基层群众自治制度等基本政治制度；中国特色社会主义法律体系；公有制为主体、多种所有制经济共同发展；按劳分配为主体、多种分配方式并存等社会主义市场经济体制的基本经济制度，以及建立在这些制度基础上的经济体制、政治体制、文化体制、社会体制等各项具体制度。民营经济是社会主义市场经济的重要组成部分，属于中国特色社会主义制度的重要内容。因此，坚持中国特色社会主义制度是民营经济促进法总体思路的重要内容。为此，民营经济促进法第 2 条特别强调"坚持中国特色社会主义制度""国家坚持和完善公有制为主体、多种所有制经济共同发展，按劳分配为主体、多种分配方式并存，社会主义市场经济体制等社会主义基本经济制度；毫不动摇巩固和发展公有制经济，毫不动摇鼓励、支持、引导非公有制经济发展；充分发挥市场在资源配置中的决定性作用，更好发挥政府作用"。

四是坚持系统观念。坚持系统观念不仅是进一步全面深化改革的重要原则，也是制定民营经济促进法的重要原则。民营经济广泛涉及政治、经济、社会等多个领域，这就要求在制定民营经济促进法的过程中，必须坚持系统观念，做到统筹兼顾、把握重点、整体谋划，处理好历史与现实、经济与社会、政治与政策、改革与法治、发展与安全、效率与公平等方面的各种复杂关系，增强立法的系统性、整体性、协调性。具体而言，需要重点把握以下四个方面：首先，要在制度设计方面更加注重系统性、整体性和协调性，合理设置民营经济促进法的篇章体系结构。其次，要在具体条文制定方面更加注重条文之间的关联性、协调性和一致性，最大限度避免法律条文之间的冲突与不和谐现象的发生。再次，要高度重视立法实效问题，综合考虑民营经济促进法在执法、司法、守法等环节的实际效果。最后，要坚持协同推进相关立法，做好民营经济促进法与相关法律法规之间的衔接配合，形成完备的民营经济法律调整体系。总之，系统观念不仅是一种重要的思维方式，也是民营经济促进法立法所必须坚持的重要原则。

五是坚持问题导向。坚持问题导向不仅是一种十分重要的实践方法，也是制定民营经济促进法必须坚持的重要原则。从历史与现实之维来看，制定民营经济促进法既是对历史经验的总结，又是对现实问题的回应，具有一定的历史必然性和现实必然性。问题是时代的声音，立法必须有效回应现实中的突出问题。提出制定民营经济促进法本身就是对现实问题的一种回应。因此，在制定民营经济促进法的过程中，需要找准影响民营经济发展壮大的突出问题，通过相应的法律制度对其进行有针对性的积极回应。这就需要坚持问题导向，围绕核心问题推进民营经济促进法的立法进程。具体而言，需要从以下三个方面入手：首先，要有问题意识，培养具有问题导向的思维习惯，善于发现影响民营经济发展壮大的问题。其次，要有辨别认识问题的能力，善于甄别发现的各种问题，分清主要问题和次要问题，厘清各种问题之间的内在逻辑关系。最后，要有解决问题的能力，针对影响民营经济发展壮大的主要问题，通过相应的法律制度进行有效应对，充分体现民营经济促进法立法的实效性。

明确民营经济促进法的总体思路至关重要。以上内容分别从坚持党的全面领导、坚持以人民为中心、坚持中国特色社会主义制度和"两个毫不动摇"、坚持系统观念、坚持问题导向五个方面对民营经济促进法的总体思路进行了简要分析。需要说明的是，对于民营经济促进法的总体思路，可以从不同的层面、运用不同的方法进行提炼归纳。此外，立法的总体思路具有较强的宏观性和抽象性，在实践中需要特别注重对立法总体思路的贯彻落实以及对具体实施路径的实践探索。

三、立法理念

立法理念是一部法律的灵魂所在。学习民营经济促进法需要准确提炼其立法理念,并将立法理念充分体现在具体条文之中,贯穿于民营经济促进法的全部领域。对于民营经济促进法立法定位的认识,直接影响对立法理念的提炼。例如,有学者从宪法的视角将民营经济促进法的立法理念归纳为宪法上的平等保护;[①] 也有学者从民法的视角将民营经济促进法的立法理念归纳为民法上的平等自由;[②] 还有学者从经济法的视角将民营经济促进法的立法理念概括为合法权益保护、公平发展、扶持激励、规范经营四个方面。[③] 基于前文对民营经济促进法功能定位的认识,笔者赞同从经济法的角度提炼民营经济促进法的立法理念,并将其概括为促进发展、平等保护、公平竞争、协调发展四个方面。

一是促进发展。民营经济促进法以"促进"命名,是典型的"促进型立法"。与传统的"管理型立法"不同,"促进型立法"是国家干预经济和社会发展的新的手段。[④] "促进型立法"以提倡、激励、服务、引导为主要手段,主要适用于经济、教育、医疗、就业、产业发展等领域。民营经济促进法是针对民营经济发展制定的专门法律,促进发展应当是其首要的立法理念。当然,这里的促进发展,既包括促进民营经济的健康发展,也包括促进民营经济人士的健康成长。民营经济促进法第 1 条明确规定"促进民营经济健康发展和民营经济人士健康成长",第 2 条第 2 款强调"毫不动摇鼓励、支持、引导非公有制经济发展",第 3 条第 1 款强调"促进民营经济持续、健康、高质量发展,是国家长期坚持的重大方针政策",

---

[①] 参见于文豪:《民营经济平等发展的内涵与制度体系》,载《华东政法大学学报》2023年第6期;唐晨:《平等保护民营经济经营自由的宪法逻辑——基于我国〈宪法〉第11条的展开》,载《中国政法大学学报》2024年第4期。
[②] 参见王轶:《民营经济促进法的立法原则》,载《广东社会科学》2024年第3期。
[③] 参见蒋悟真:《民营经济促进法立法理念及其制度实现》,载《东方法学》2024年第6期。
[④] 参见李艳芳:《"促进型立法"研究》,载《法学评论》2005年第3期。

第 3 条第 2 款强调"国家坚持依法鼓励、支持、引导民营经济发展，更好发挥法治固根本、稳预期、利长远的保障作用"，充分体现了促进发展的立法理念。此外，在民营经济促进法的其他相关条文中，也都体现了促进发展的理念。

二是平等保护。民营经济促进法立法需要解决的重点问题之一，就是实现对民营经济的平等保护。因此，平等保护应当是民营经济促进法的立法理念。平等保护立法理念在宪法、刑法、民法等多个部门法中均有体现，[①] 在经济法的框架下，平等保护主要是平等对待与同等保护。一方面，在市场准入、政策支持等方面，民营经济应当受到平等对待；另一方面，在财产权利、人身权利、发展权利等方面，民营经济应当受到同等保护。民营经济促进法第 3 条第 3 款明确规定："国家坚持平等对待、公平竞争、同等保护、共同发展的原则，促进民营经济发展壮大。民营经济组织与其他各类经济组织享有平等的法律地位、市场机会和发展权利。"彰显了平等保护的立法理念。

三是公平竞争。公平竞争是市场经济的基本原则，也是民营经济促进法立法的基本理念。当前制约民营经济发展壮大的主要因素之一就是在竞争方面的不公平。为此，民营经济促进法以专章的形式对市场准入、生产要素和公共服务资源使用、制定实施政策措施、公共资源交易等方面存在的突出问题进行了重点规范，充分体现了公平竞争的重要性。此外，在其他相关条文中，也都充分体现了公平竞争的立法理念。

[①] 关于平等保护在各部门法中的体现，参见张力：《国有企业特殊对待与市场主体平等保护的规范势差及其限缩》，载《法学研究》2024 年第 6 期；罗昆：《中国合同法上的产权平等保护》，载《法学研究》2024 年第 6 期；袁国何：《平等保护视角下的非法经营同类营业罪》，载《中国法律评论》2024 年第 4 期。

四是协调发展。促进公有制经济与非公有制经济的协调发展是构建高水平社会主义市场经济体制的必然要求。党的二十届三中全会强调要坚持和落实"两个毫不动摇",明确提出"促进各种所有制经济优势互补、共同发展"。① 民营经济促进法第 2 条第 2 款明确规定:"国家坚持和完善公有制为主体、多种所有制经济共同发展,按劳分配为主体、多种分配方式并存,社会主义市场经济体制等社会主义基本经济制度;毫不动摇巩固和发展公有制经济,毫不动摇鼓励、支持、引导非公有制经济发展;充分发挥市场在资源配置中的决定性作用,更好发挥政府作用。"第 3 条第 3 款强调"国家坚持平等对待、公平竞争、同等保护、共同发展的原则,促进民营经济发展壮大",均是协调发展这一立法理念的重要体现。

以上四个方面的立法理念,均是民营经济促进法立法中应当坚持的重要理念。

---

① 《中共中央关于进一步全面深化改革、推进中国式现代化的决定》,人民出版社 2024 年版,第 7 页。

第四讲 立法的底层逻辑

民营经济促进法广泛涉及经济、政治、社会、法治等多个领域，具有深厚的立法背景。深入学习和理解民营经济促进法相关内容，需要对其立法过程进行了解，并从历史与现实、经济与社会、政治与政策、改革与法治等多个维度加深对民营经济促进法立法背景的了解和认识。事实上，民营经济促进法的许多条文内容，在之前的政策和文件中都有所体现。出于上述考虑，本讲主要围绕民营经济促进法立法的底层逻辑进行讲述，以帮助读者朋友们更加准确、全面理解民营经济促进法相关条文的内容。

一、历史与现实之维的底层逻辑

"历史从哪里开始，思想进程也应当从哪里开始"，历史与现实之维是理解和认识民营经济促进法的首要维度。民营经济既属于历史范畴，又与现实问题紧密相连。理解民营经济促进法，需要从历史之维对民营经济进行审视，并充分结合民营经济发展的现实需求。

（一）历史之维的底层逻辑

从历史之维来看，制定民营经济促进法是促进民营经济发展壮大的重要手段，民营经济促进法立法具有历史必然性。

民营经济的发展源远流长。据学者考证，民营经济的历史可以追溯到先秦时期，并在秦汉唐宋元明清等时期得到了不同程度的发展。[1] 在不同历史时期，出于不同的现实利益考虑，民营经济的政策也会有所不同。但由于"重农抑商"思想的影响，农耕时代的民营经济在总体上处于被抑制的状态，相关法令更多体现为对民营经济的管控和限制。在近代半殖民地半封建时期，随着传统自然经济的逐渐解体，民营经济经历了一个曲折发展的历史阶段，虽然也曾经出现过短暂的黄金发展时期，但最终并未能够得到应有的充分发展。

中华人民共和国成立之后，随着对农业、手工业和资本主义工商业三大行业社会主义改造的基本完成以及社会主义生产资料公有制的逐步确立，民营经济在整体上不复存在。1978年召开的党的十一届三中全会确立了"把全党工作的着重点转移到社会主义现代化建设上来"的路线，为民营经济的发展提供了新的历史契机，民营经济开始起步发展。1982年宪法对个体、外资等非公有制经济的法律地位进行了明确规定，为非公有制经济的发展提供了根本法基础。[2] 随着农村经济体制改革的快速推进，民营经济的发展取得了显著成效。

1992年召开的党的十四大明确提出"中国经济体制的改革目标是建立社会主义市场经济体制"，强调"多种经济成分长期共同发展"，为民营经济的进一步发展提供了明确的政策依据。1993年召开的党的十四届三中全会审议并通过了《中共中央关于建立社会主义市场经济体制若干问题的决定》，对建立社会主义市场经济体制

---

[1] 参见江怡：《民营经济发展体制与机制研究》，浙江大学出版社2016年版，第106~107页。
[2] 参见韩大元：《我国宪法非公有制经济规范的变迁与内涵》，载《华东政法大学学报》2023年第6期。

进行全面部署，有力推动了民营经济的发展。

随着社会主义市场经济体制的确立和不断完善，民营经济迎来了重要的战略机遇期，在各个领域的发展都相当迅速。改革开放四十多年以来，民营经济蓬勃发展，在总体上具有"五六七八九"的特征，即"贡献了50%以上的税收，60%以上的国内生产总值，70%以上的技术创新成果，80%以上的城镇劳动就业，90%以上的企业数量"。[1]

通过对民营经济发展历史的梳理可以看出，民营经济的发展不仅与经济发展阶段紧密相关，还与国家政策的鼓励支持具有直接关系，通过制定相关政策和法律促进民营经济发展是历史经验的总结。从这种意义上讲，加快推进民营经济促进法立法是促进民营经济发展壮大的重要手段，具有一定的历史必然性。

(二) 现实之维的底层逻辑

从现实之维来看，制定民营经济促进法是进一步促进民营经济发展壮大的必然要求，民营经济促进法立法具有现实必然性。

随着民营经济在国民经济中的比重不断提升，民营经济的重要性进一步凸显。在当前阶段，"民营经济是推进中国式现代化的生力军，是高质量发展的重要基础，是推动我国全面建成社会主义现代化强国、实现第二个百年奋斗目标的重要力量"，[2]在经济社会的多个领域都发挥着不可替代的重要作用。随着全面深化改革与全面依法治国的深入推进，民营经济发展的环境得到了明显改善。

但同时也应当看到，当前民营经济的发展仍面临一系列问题和

---

[1] 参见《习近平在民营企业座谈会上的讲话（全文）》，载新华网，https：//www.xinhuanet.com/politics/2018-11/01/c_1123649488.htm，最后访问时间：2025年5月30日。

[2] 《中共中央 国务院关于促进民营经济发展壮大的意见》，人民出版社2023年版，第1页。

困难,制约民营经济进一步发展的多种因素依然存在,民营经济发展环境仍有待进一步改善。

这些因素直接影响到民营经济的发展壮大,在客观上需要通过专门立法对其进行严格规范。此外,在当前百年未有之大变局的特殊时期,国际政治经济格局面临深刻调整。随着国内国际环境的变化,民营经济发展必将面临多重竞争压力和全方位的新挑战。这些新挑战主要体现为:一是国际社会单边主义、保护主义抬头,直接影响到民营企业的对外出口;二是随着高水平对外开放的扎实推进,外资进入中国市场必然会给民营经济带来竞争压力;三是随着国内国际科学技术水平的快速提升,民营经济发展必然在科技创新领域面临新挑战。上述国内国际环境变化带来的一系列新挑战,同样需要通过相关立法予以积极应对。

(三) 综述

通过上述分析可以看出,制定民营经济促进法既是对历史经验的总结,又是对现实问题的回应,具有其历史必然性和现实必然性。历史是现实的基础,而现实则是历史的延续。站在历史与现实的交汇点,制定民营经济促进法需要在历史与现实之间进行有效平衡。这种平衡主要体现在,需要在尊重历史规律、从历史中吸取经验教训的同时,找准现实中的突出问题并对其进行有效回应。

二、经济与社会之维的底层逻辑

经济与社会之维度是理解和认识民营经济促进法的重要维度。民营经济具有经济与社会的双重属性。一方面,民营经济是社会主义市场经济的重要组成部分,具有明显的经济属性;另一方面,由于民营经济所涉及的行业大多与民生紧密相连，使得民营经济同时又具有明显的社会属性。探寻民营经济促进法的底层逻辑，经济与社会之维是必不可少的重要视角。

(一) 经济之维的底层逻辑

从经济之维来看，制定民营经济促进法是加快构建新发展格局、推动经济高质量发展的必然要求。经济是社会存在和发展的重要物质基础，促进经济发展是立法的重要目的，也是制定民营经济促进法的重要推动力。

从民营经济的地位和作用来看，民营经济是社会主义市场经济的重要组成部分，加强民营经济促进法立法最直接的目的就在于更好地促进民营经济的高质量发展，进而促进整个国民经济的发展。

从我国目前面临的实际情况来看，发展经济无疑是当前各项工作和任务的重中之重。尤其是随着我国社会主要矛盾已经转化为人民日益增长的美好生活需要和不平衡不充分的发展之间的矛盾，亟须解决经济发展中的深层次问题。为此，党的二十大报告明确提出"高质量发展是全面建设社会主义现代化国家的首要任务"，强调要"加快构建新发展格局""着力推动高质量发展"，对我国经济发展进行全面布局。加快构建新发展格局、推动高质量发展需要从多个方面着手，党的二十大报告分别从构建高水平社会主义市场经济体制、建立现代化产业体系、全面推进乡村振兴、促进区域协调发展、推进高水平对外开放五个方面进行了部署，上述五个方面都与民营经济紧密相关。以构建高水平社会主义市场经济体制为例，民营经济是社会主义市场经济的重要组成部分，构建高水平社会主义市场经济体制在客观上必然要求发展壮大民营经济。为此，党的二十大报告特别强调，"优化民营企业发展环境，依法保护民营企业产权和企业家权益，促进民营经济发展壮大"，高度重视民营经济的发展壮大问题。正是基于上述经济层面的现实需求，多措并举促进民营经济发展壮大显得尤为迫切。

从经济对法治的需求来看，市场经济必然是法治经济，法治对经济具有十分重要的促进作用。因此，很有必要通过专门立法促进民营经济高质量发展，进而实现构建新发展格局、促进经济高质量发展的目标。事实上，在民营经济促进法立法过程中，也非常重视民营经济促进法对经济的促进，体现了对经济发展的特别关注。从这种意义上来讲，制定民营经济促进法是加快构建新发展格局、推动经济高质量发展的必然要求。

（二）社会之维的底层逻辑

从社会之维来看，制定民营经济促进法是促进社会发展、维护社会和谐稳定的必然要求。社会是民营企业持续健康发展的沃土，任何民营企业都不可能脱离社会而独立存在，社会背景是认识民营经济促进法的又一重要视角。

党的十八大以来，党中央高度重视民生改善和就业等社会问题，多措并举促进社会发展、维护社会和谐稳定。党的二十大报告特别强调要"增进民生福祉，提高人民生活品质"，并分别从完善分配制度、实施就业优先战略、健全社会保障体系、推进健康中国建设四个方面进行了全面部署。由于民营经济在保障和改善民生、促进社会就业、维护社会和谐稳定等方面都发挥着不可替代的重要作用，通过制定民营经济促进法促进民营经济发展壮大，不仅具有经济层面的重要价值和重大意义，同时还具有社会层面的重要价值和重大意义。

首先,从保障和改善民生的角度来看,民生是人民幸福之基、社会和谐之本,促进民营经济发展壮大是保障和改善民生的重要途径。民营经济与民生问题息息相关,尤其是大量的中小型民营企业以灵活多样的形式为居民提供生活方面的各种服务,在增进民生福祉方面作出了突出贡献。从这种意义上来讲,民营经济是解决民生问题的重要支撑点,保障和改善民生必然要求大力发展民营经济。

其次,从促进就业的角度来看,就业是民生之本、发展之基,促进民营经济发展壮大对于促进就业具有十分重要的意义。在当前形势下,党中央、国务院高度重视就业问题。2024年9月,中共中央、国务院专门发布《关于实施就业优先战略促进高质量充分就业的意见》,对就业中的重点问题进行了规范。民营经济涉及的领域相当广泛,吸纳了大量就业人员,在促进就业方面贡献巨大。数据显示,民营经济吸纳了80%以上的城镇劳动人口,在促进就业方面发挥着十分重要的作用。为了更好地促进就业,必须大力发展民营经济。

最后,从维护社会和谐稳定的角度来看,社会稳定是国家强盛之基,促进民营经济的发展壮大有利于维护社会和谐的稳定。民营企业是重要的社会组织,民营经济是维护社会和谐稳定的重要力量,民营经济的发展壮大直接关乎社会和谐稳定大局。从这种意义上来讲,制定民营经济促进法促进民营经济发展壮大,是促进社会发展、维护社会和谐稳定的必然要求。

(三)综述

通过上述分析可以看出,从经济与社会之维来看,制定民营经济促进法既有经济层面的直接动因,也有社会层面的客观需求。制定民营经济促进法需要综合考虑经济与社会的双重功效,充分体现民营经济促进法的经济功能与社会功能的有机统一。① 基于经济与社会之维的底层逻辑,在具体的立法实践中,应当以经济层面的功效为主线,并适当体现对社会层面的关注,实现经济与社会的综合平衡。

三、政治与政策之维的底层逻辑

政治与政策之维是理解和认识民营经济促进法不可或缺的重要维度。长期以来,政治与政策都是民营经济产生和发展的重要推动力,并将在很大程度上直接影响到民营经济未来发展的基本走向。因此,很有必要从政治和政策之维对民营经济促进法进行审视。

(一)政治之维的底层逻辑

从政治之维来看,制定民营经济促进法是全面发展协商民主、完善大统战工作格局的必然要求。政治与经济之间的关系十分密切,政治是经济的集中体现,而经济则是政治的延伸。之所以明确提出要制定民营经济促进法,除了要满足经济层面的现实需求之外,同时还有政治层面的考虑。

从前文对民营经济发展历史的梳理可以看出,制定民营经济促进法必须进一步增强政治意识、提高政治站位,要把握政治大局。改革开放以来,随着民营经济的不断发展,出现了民营企业家等新的社会群体,必然要求在政治领域发挥其应有的作用,需要通过相应的机制予以充分回应。

---

① 参见肖京:《经济法的经济社会二元功能之冲突与平衡》,载《法学论坛》2012 年第 6 期。

实践证明，协商民主是实践全过程人民民主的重要形式，统一战线是凝聚人心、汇聚力量的强大法宝。面对我国社会结构发生深刻变化这一现实情况，党中央审时度势、全面统筹，积极主动进行有效回应。

党的二十大报告明确提出，要"全面发展协商民主""完善大统战工作格局""促进非公有制经济健康发展和非公有制经济人士健康成长",[1] 高度重视协商民主和统一战线工作，不断完善体制机制，为包括民营企业家在内的民主党派和无党派人士提供参政议政的平台。

党的二十届三中全会进一步强调，"健全协商民主机制""完善大统战工作格局""健全促进非公有制经济健康发展、非公有制经济人士健康成长工作机制",[2] 从健全工作机制的角度进行了工作部署。健全协商民主机制、完善大统战工作格局既是做好新时代统战工作的重要保障，也是凝心聚力的重要举措，需要多措并举、形成合力。通过专门立法优化民营经济发展环境、维护民营企业和民营企业家的合法权益、促进民营经济发展壮大，既是健全促进非公有制经济健康发展和非公有制经济人士健康成长工作机制的重要举措，也是健全协商民主机制、完善大统战工作格局的必然要求，具有重大的政治意义。

因此，在制定民营经济促进法的过程中，必须始终坚持正确的政治方向，把握政治大局、体现政治格局。

---

[1] 习近平：《高举中国特色社会主义伟大旗帜 为全面建设社会主义现代化国家而团结奋斗——在中国共产党第二十次全国代表大会上的报告》，人民出版社2022年版，第38~40页。

[2] 《中共中央关于进一步全面深化改革、推进中国式现代化的决定》，人民出版社2024年版，第28~29页。

（二）政策之维的底层逻辑

从政策之维来看，制定民营经济促进法是确保促进民营经济发展壮大的各项政策真正落到实处的必然要求。

制定民营经济促进法，既是对现有政策的经验总结，也是对现有政策的法律确认，通过立法的形式把长期坚持、行之有效的重要政策确定下来，为民营经济的发展提供更加有力、更加全面、更为有效的法治保障。

从历史经验和现实情况来看，政策支持对民营经济的发展壮大起到了十分重要的推动作用，民营经济的每一步发展都离不开政策的大力支持。尤其是自改革开放以来，党中央出台了多项促进民营经济发展的政策，有力推动了民营经济的发展壮大。党的十一届三中全会确立了以经济建设为中心的方针，为民营经济的发展提供了重要的历史契机。党的十二大报告明确提出，"鼓励劳动者个体经济在国家规定的范围内和工商行政管理下适当发展，作为公有制经济的必要的、有益的补充"，为民营经济的发展提供了直接的政策依据。党的十五大把"公有制为主体、多种所有制经济共同发展"确立为我国的基本经济制度，并明确提出"非公有制经济是我国社会主义市场经济的重要组成部分"，对民营经济的基本地位进行了政策确认。党的十六大报告强调，"必须毫不动摇地巩固和发展公有制经济""必须毫不动摇地鼓励、支持和引导非公有制经济发展"，充分体现了大力发展民营经济的坚定决心。党的十七大报告强调"形成各种所有制经济平等竞争、相互促进新格局"，为民营经济的进一步发展指明了方向。

党的十八大以来，党中央、国务院更加重视民营经济发展，多次强调必须坚持和完善社会主义基本经济制度，必须坚持"两个毫不动摇"方针政策。习近平总书记在2018年的民营企业座谈会上特别强调，"非公有制经济在我国经济社会发展中的地位和作用没有变""毫不动摇鼓励、支持、引导非公有制经济发展的方针政策没有变""致力于为非公有制经济发展营造良好环境和提供更多机会的方针政策没有变"，[①] 充分表达了对民营经济的坚定支持态度。党的重要文件也都充分表达了对民营经济的坚定支持。党的十八届三中全会强调，"公有制经济和非公有制经济都是社会主义市场经济的重要组成部分，都是我国经济社会发展的重要基础""必须毫不动摇鼓励、支持、引导非公有制经济发展，激发非公有制经济活力和创造力"，[②] 从全面深化改革的角度对民营经济的重要地位进行了再次确认。党的十八届五中全会强调，"鼓励民营企业依法进入更多领域，引入非国有资本参与国有企业改革，更好激发非公有制经济活力和创造力"，进一步拓宽民营经济的发展空间。党的十九大把"两个毫不动摇"写入新时代坚持和发展中国特色社会主义的基本方略，并明确提出"支持民营企业发展，激发各类市场主体活力"，[③] 为民营经济发展注入强心剂。

党的二十大报告提出，"优化民营企业发展环境，依法保护民营企业产权和企业家权益，促进民营经济发展壮大"，[④] 高度重视民营经济发展环境的优化以及法治在促进民营经济发展壮大中的重要

[①] 参见《习近平在民营企业座谈会上的讲话（全文）》，载新华网，https://www.yicai.com/news/100051018.html，最后访问时间：2025年6月1日。

[②] 《中共中央关于全面深化改革若干重大问题的决定》，人民出版社2013年版，第8页。

[③] 习近平：《决胜全面建成小康社会 夺取新时代中国特色社会主义伟大胜利——在中国共产党第十九次全国代表大会上的报告》，人民出版社2017年版，第21、34页。

[④] 习近平：《高举中国特色社会主义伟大旗帜 为全面建设社会主义现代化国家而团结奋斗——在中国共产党第二十次全国代表大会上的报告》，人民出版社2022年版，第29页。

作用。党的二十届三中全会在强调坚持和落实"两个毫不动摇"的同时，还明确提出要"坚持致力于为非公有制经济发展营造良好环境和提供更多机会的方针政策""制定民营经济促进法",[①] 并分别从深入破除市场准入壁垒、支持承担国家重大技术攻关任务、完善民营企业融资支持政策制度等方面对民营经济发展壮大提供政策支持。由此可见，大力支持民营经济的发展壮大，是我国长期坚持不变的一贯方针。

此外，2023年7月发布的《中共中央 国务院关于促进民营经济发展壮大的意见》分别从总体要求、持续优化民营经济发展环境等八个方面对促进民营经济发展壮大相关问题进行了系统要求。事实上，从具体条文来看，《中共中央 国务院关于促进民营经济发展壮大的意见》中的主要内容都在民营经济促进法中得到了充分体现。这也充分说明了政策在制定民营经济促进法中的重要作用。"党和国家对民营经济发展的基本方针政策，已经纳入中国特色社会主义制度体系，将一以贯之坚持和落实，不能变，也不会变"，而法治则是确保"党和国家对民营经济发展的基本方针政策不会变"的重要保障，进一步体现了政策与民营经济促进法之间的密切关系。

（三）综述

通过上述分析可以看出，从政治与政策之维来看，制定民营经济促进法既有政治层面的总体布局，也有政策层面的权衡考虑。因此，制定民营经济促进法应当充分考虑政治建设和政策持久的双重

[①] 《中共中央关于进一步全面深化改革、推进中国式现代化的决定》，人民出版社2024年版，第7~8页。

需求，把政治建设与政策完善紧密结合起来，科学设计民营经济促进法的相关条文。基于政治与政策之维的底层逻辑，在具体的立法实践中，既要充分体现政治和政策方面的总体要求，又要特别注意由政治任务和政策内容向法律条文的精准转化，尽可能用法律语言精准表达政治任务和政策内容。

四、改革与法治之维的底层逻辑

改革与法治之维是理解和认识民营经济促进法的又一重要维度。无论是从历史来看还是从现实来看，民营经济始终与改革进程紧密相连。制定民营经济促进法既是进一步全面深化改革的必然要求，又是全面推进依法治国的必然要求。因此，很有必要从改革与法治之维对民营经济促进法进行审视。

（一）改革之维的底层逻辑

从改革之维来看，制定民营经济促进法既是对现有改革成果的确认，也是进一步全面深化改革的必然要求。民营经济本身就是改革的产物，并在不断深化改革中进一步发展壮大。

如前文所述，党的十一届三中全会确立了以经济建设为中心的方针，为民营经济的发展提供了新的历史契机，开启了民营经济发展的新征程。党的十四大报告明确提出"中国经济体制的改革目标是建立社会主义市场经济体制"，在经济体制改革方面取得的重大进展，进一步为民营经济发展提供了更为广阔的空间。党的十四届三中全会审议并通过的《中共中央关于建立社会主义市场经济体制若干问题的决定》，对建立社会主义市场经济体制进行了全面部署。上述经济体制改革的重大进展，有力推动了民营经济的发展壮大。

党的十八大以来，中央更加重视经济领域的改革问题。2013年11月，党的十八届三中全会通过的《中共中央关于全面深化改革若干重大问题的决定》明确提出"全面深化改革的总目标是完善和发展中国特色社会主义制度，推进国家治理体系和治理能力现代化"，强调"经济体制改革是全面深化改革的重点"，[1]从宏观层面对全面深化改革中的重点问题进行了系统规划。

2024年7月，党的二十届三中全会通过的《中共中央关于进一步全面深化改革、推进中国式现代化的决定》明确提出进一步全面深化改革、推进中国式现代化的总体要求，全面、系统规划了进一步全面深化改革、推进中国式现代化的各项任务。上述两个专门对深化改革进行全面规划的重要文件，对于推动民营经济的发展壮大具有十分重要的意义。

在推进全面深化改革的具体实践过程中，积累了一系列行之有效的重要经验，取得了多项重要的改革成果。尤其是在规范促进民营经济健康发展方面，有许多经过实践检验的重要改革成果，需要通过立法对其予以确认和巩固。与此同时，随着全面深化改革的深入推进，深层次的各种矛盾和问题进一步凸显，新领域的各种机遇和挑战不断涌现，亟须通过相应的立法对其进行规范和应对。

党的二十届三中全会明确提出要制定民营经济促进法，就是为了能够在进一步全面深化改革的总体框架下更好地规范促进民营经济的健康发展。从这种意义上来讲，制定民营经济促进法既是对现有改革成果的确认，又是全面贯彻落实党中央关于进一步全面深化改革战略部署的重要举措。

---

[1] 《中共中央关于全面深化改革若干重大问题的决定》，人民出版社2013年版，第3、5页。

(二) 法治之维的底层逻辑

从法治之维来看，制定民营经济促进法既是坚持全面依法治国的必然要求，也是推进法治中国建设的重要举措。民营经济的健康发展离不开法治的促进与保障。

一方面，无论是从历史来看还是从现实层面来看，法治都是民营经济健康发展不可或缺的重要前提条件。改革开放以来，法治建设各项工作扎实推进，在立法上确认了民营经济的法律地位，为民营经济的快速发展提供了重要的制度前提。例如，在改革开放早期，1982年的宪法对个体、外资等非公有制经济的合法地位进行了法律确认，1986年的民法通则（现已废止）对个体工商户、农村承包经营户、个人合伙的民事主体资格进行了法律确认，1988年宪法修正案第1条在宪法第11条中增加了"国家允许私营经济在法律规定的范围内存在和发展。私营经济是社会主义公有制经济的补充。国家保护私营经济的合法的权利和利益，对私营经济实行引导、监督和管理"的内容。随着法治建设的深入推进，民法典、公司法、合伙企业法、个人独资企业法、企业破产法、反垄断法、反不正当竞争法等法律法规分别从不同层面对民营经济的法律地位进行确认，构成了较为系统的民营经济法治体系。

另一方面，无论是从促进还是从保障功能来看，法治都在民营经济的发展进程中发挥着十分重要的关键作用。改革开放以来，在法治的促进与保障功能的双重作用下，民营经济的发展取得了巨大成就。例如，民法典等民商事法律从产权保护、交易保障的层面，反垄断法、反不正当竞争法等法律从维护市场交易秩序的层面，共同促进和保障民营经济的发展。党的十八大以来，党中央高度重视法治建设问题。2012年11月，党的十八大报告明确提出要全面推进依法治国。2014年10月，党的十八届四中全会对全面推进依法治国中的若干重大问题进行了总体部署和全面规划，是指导全面推进依法治国工作的纲领性文件。全面推进依法治国是一项十分重大的系统性工程，广泛涉及经济社会的多个领域。民营经济是整个经济社会系统的重要组成部分，推进全面依法治国必然要求进一步加强民营经济法治建设。党的二十大报告强调要优化民营企业发展环境，而法治则是最好的营商环境。党的二十大报告还强调要依法保护民营企业产权和企业家权益，同样需要进一步加强法治建设。党的二十届三中全会明确提出要制定民营经济促进法，就是要更好地发挥法治固根本、稳预期、利长远的重要保障作用，更好地促进民营经济发展壮大。

由此可见，法治建设与民营经济发展始终紧密相连，民营经济的健康发展离不开法治的引领、规范、促进与保障。制定民营经济促进法，既是贯彻落实中共中央关于全面推进依法治国重大决策部署的必然要求，也是完善中国特色社会主义法律体系、推进法治中国建设的重要举措，具有重大的现实意义。

（三）综述

通过上述分析可以看出，从改革与法治之维来看，制定民营经济促进法既是全面深化改革的必然要求，也是全面推进依法治国的重要举措。制定民营经济促进法需要站在改革与法治全局的高度，在全面深化改革和全面推进依法治国的总体框架下进行。从改革与法治之维的底层逻辑来看，在具体的立法实践中，不仅应当充分考虑到全面深化改革的实际需要，还要特别注意全面推进依法治国的总体要求，做到改革与法治相统一，及时把改革成果上升为法律制度。

五、本讲小结

通过本讲内容的具体讲述，读者朋友们应该能够感受到，民营经济促进法立法绝非简单的条文拟定，而是具有深厚的底层逻辑。科学制定民营经济促进法，需要从民营经济促进法立法的底层逻辑出发，进行综合平衡。唯有如此，才能确保民营经济促进法立法的科学性、才能真正发挥民营经济促进法的重要作用。学习和理解民营经济促进法不仅要从法治的角度进行，还要从历史、现实、经济、社会、政治、政策、改革等多个角度进行。事实上，从民营经济促进法快速出台这一事实也可以感受到，民营经济促进法具有较强的政治性和政策性。只有对民营经济促进法立法的底层逻辑有深刻认识，才能更好把握民营经济促进法的具体内容。

第五讲　立法的功能定位

功能定位是民营经济促进法立法的关键所在，在很大程度上决定了民营经济促进法的基本走向，并对民营经济促进法的体系构建与制度设计产生了重要影响，是民营经济促进法立法中的重大理论与实践问题。学习民营经济促进法的相关条文，需要强化对民营经济促进法的功能定位的理解和认识。认识民营经济促进法的功能定位，需要对民营经济促进法进行整体把握。本讲主要围绕功能定位及制度构建解读民营经济促进法，具有一定的理论性。

一、为什么要进行功能定位

功能视角是认识民营经济促进法立法的重要视角。结构功能主义理论认为，社会是具有一定结构或组织化形式的系统，构成社会的各个组成部分之间相互关联，并对社会整体发挥相应的功能。[1]从功能视角审视民营经济促进法立法，不仅能够深化对民营经济促进法立法的必要性与可行性的认识，还有助于更好把握民营经济促进法的立法方向。

一方面，从功能视角审视民营经济促进法立法，可以深化对民

---

[1] 参见刘润忠：《试析结构功能主义及其社会理论》，载《天津社会科学》2025 年第 5 期。

营经济促进法立法必要性与可行性的认识。立法工作具有高度的复杂性，涉及多方利益平衡，在进入正式立法程序之前，需要对立法的必要性与可行性进行审慎评估。通过对各方面因素综合考虑与利弊权衡，形成对立法必要性与可行性的基本判断，进而决定是否进入正式立法程序。制定民营经济促进法，同样需要对民营经济促进法立法的必要性与可行性进行有效回应。2024年2月，民营经济促进法起草工作的正式启动，表明在制定民营经济促进法的必要性与可行性方面已经达成初步共识。2024年5月公布的《全国人大常委会2024年度立法工作计划》明确表示将对民营经济促进法进行首次审议，标志着民营经济促进法立法的必要性与可行性已经得到立法机关的确认。2024年7月，党的二十届三中全会明确提出制定民营经济促进法，充分体现了党中央对民营经济促进法立法工作的高度重视以及对民营经济促进法立法必要性与可行性的高度认可。由此可见，制定民营经济促进法立法，既是贯彻落实党中央在民营经济领域重大决策部署的必然要求，也是促进民营经济发展壮大的重要保障。对于民营经济促进法立法必要性与可行性的认识可以从多个角度进行，以功能为视角对其进行审视，能够更加深刻理解和认识民营经济促进法立法的必要性与可行性。

另一方面，从功能视角审视民营经济促进法立法，有助于更好把握民营经济促进法的立法方向，进而为科学构建民营经济促进法的制度体系提供重要依据。确立正确的立法方向并构建科学合理的制度体系，是立法工作的重心之所在。立法的预期目的在很大程度上决定了立法方向的基本走向，并对相关制度体系的构建产生了十分重大的影响，在确立立法方向以及构建制度体系的过程中发挥着十分关键的重要作用。为此，需从功能视角对民营经济促进法立法进行全方位审视。从立法方向来看，立法是国家权力机关确立行为规范的创制性行为，具有明确的目的性与目标指向，确立正确的立法方向是做好立法工作的必然要求。能否实现立法的预期目标以及如何实现预期目标，是立法过程中需要认真对待的重大理论与现实问题。具体到民营经济促进法立法，民营经济促进法立法需要向着何种方向前进，很大程度上取决于立法者对民营经济促进法预期目的的认识。因此，从功能视角对民营经济促进法立法进行研究和分析，有助于更好把握民营经济促进法的立法方向。从制度体系构建来看，立法目的的最终实现还是要通过具体制度的设置。立法不仅需要按照特定的立法目的确定立法方向，还需要通过具体制度的设计实现其特定的立法目的。如何在制度层面充分体现立法目的，同样是立法过程中需要认真对待的重大理论与现实问题。具体到民营经济促进法立法中，为确保民营经济促进法立法目的在制度层面的充分表达，需要在确立立法方向的基础上，进一步对民营经济促进法的功能进行精准定位。因此，从功能视角全面审视民营经济促进法立法，有助于科学构建民营经济促进法的制度体系。

二、民营经济促进法的功能定位

在立法中，社会各界对民营经济促进法功能定位的认识并不统一，大致可分为两类观点。[①] 一类观点认为，民营经济促进法应当坚持保护法的功能定位，重点解决对民营经济的平等保护以及合法

---

① 目前学界对民营经济促进法功能定位进行专门研究的成果并不多见，笔者通过对相关文献的梳理、归纳、概括、提炼出对民营经济促进法功能定位的两类基本观点，相关研究大致都可归入以上两类观点。

权益保护等方面的问题。① 该类观点的重要依据在于，虽然国家在政策层面明确提出并多次强调要坚持"两个毫不动摇"，② 但在实践中民营经济受到区别对待以及民营企业和企业家的合法权益受到不法侵害等方面的问题依然存在，已经成为当前制约民营经济发展壮大的重要因素。据此，该类观点认为，民营经济促进法应当定位为保护法，重点解决对民营经济的平等保护等方面的突出问题。另一类观点认为，民营经济促进法应当坚持促进法的功能定位，真正起到促进民营经济发展壮大的基本功能。③ 该种观点的主要依据在于，发展才是硬道理，就当前我国经济发展的实际情况来看，进一步促进民营经济发展壮大、加快构建新发展格局、实现经济高质量发展是经济工作的重中之重，民营经济促进法立法应当对经济层面的客观需求进行有效回应。据此，该类观点认为，民营经济促进法应当定位为促进法，突出对民营经济高质量发展的促进作用，在制度层面进一步强化对民营经济发展壮大的促进。

应当说，上述两类观点都有一定的道理。民营经济在客观上需要对其进行平等保护是不争的事实，而民营经济需要发展壮大也是建设高水平社会主义市场经济的必然要求。无论是实现对民营经济的平等保护还是促进民营经济的发展壮大，都应当是民营经济促进法立法中需要重点考虑的基本问题。从学界现有成果来看，学者们

---

① 参见王利明：《民营经济促进法：民营经济组织及其经营者权益保障法》，载《学术探索》2025年第1期；王轶：《民营经济促进法的立法原则》，载《广东社会科学》2024年第3期；李建伟：《民营经济促进法中实质平等理念的立法表达》，载《法治研究》2025年第1期；唐晨：《平等保护民营经济经营自由的宪法逻辑——基于我国〈宪法〉第11条的展开》，载《中国政法大学学报》2024年第4期。

② "两个毫不动摇"是指"毫不动摇巩固和发展公有制经济，毫不动摇鼓励、支持、引导非公有制经济发展"。

③ 参见甘强：《论民营经济发展的经济法促进》，载《南通大学学报（社会科学版）》2024年第6期；陈云良：《民营经济专门立法的理据、定位及体系表达》，载《广东社会科学》2024年第3期。

在研究民营经济促进法的理念和基本原则等问题的过程中，也都不同程度地关注到了民营经济促进法的功能定位问题，对民营经济的平等保护与促进发展问题进行双重关注。例如，有学者认为，制定民营经济促进法应当坚持地位平等、共同发展、公平竞争、互利合作、平等监管与平等保护六项核心原则，[1] 既强调平等保护，也关注共同发展以及互利合作等方面的问题；也有学者认为，民营经济促进法立法应当面向合法权益保护、公平发展、扶持激励、规范经营等立法理念，推动民营经济高质量发展，[2] 同样是对民营经济平等保护与促进发展问题进行双重关注。由此可见，保护法定位与促进法定位二者之间具有一定的共通之处。正如有学者指出，平等原则不仅是促进型功能的逻辑起点，更是确保该法律功能落实的关键，[3] 平等保护与促进发展功能之间具有紧密的内在逻辑关系。从这种意义上来讲，学界对民营经济促进法功能定位的不同理解与认识，只是在看问题的视角有所不同，而并非截然对立。

笔者以为，虽然保护法与促进法定位之间具有内在的逻辑关系，但将民营经济促进法定位为促进法更为妥当，主要基于以下三个方面的考虑。首先，从名实相符的角度来看，民营经济促进法的名称中包含"促进法"的字样，将民营经济促进法定位为促进法更为妥当。"促进型立法"是国家干预经济和社会发展的新的手段，[4] 截至2024年12月，我国直接以"促进法"命名的法律共有10件，[5]

---

[1] 参见刘俊海：《论民营经济促进法的六项核心原则》，载《法治研究》2025年第1期。
[2] 参见蒋悟真：《民营经济促进法立法理念及其制度实现》，载《东方法学》2024年第6期。
[3] 参见李建伟：《民营经济促进法中实质平等理念的立法表达》，载《法治研究》2025年第1期。
[4] 参见李艳芳：《"促进型立法"研究》，载《法学评论》2005年第3期。
[5] 这10件法律分别是：民办教育促进法、电影产业促进法、基本医疗卫生与健康促进法、中小企业促进法、清洁生产促进法、农业机械化促进法、循环经济促进法、乡村振兴促进法、就业促进法、家庭教育促进法。

均以促进法为其功能定位。民营经济促进法作为"促进型"立法，也应当坚持促进法的功能定位。其次，从民营经济促进法立法的主要背景来看，将民营经济促进法定位为促进法更为妥当。民营经济促进法立法具有深刻的经济、政治、社会背景，认识民营经济促进法的功能定位，需要对制定民营经济促进法的多重背景进行深入研究。制定民营经济促进法固然有政治、社会、改革、法治等多方面的考虑，但其直接动因在于促进民营经济发展壮大的现实需求，通过制定专门法律促进民营经济的发展壮大是制定民营经济促进法最为直接的目的。既然经济层面的现实需求是影响和推动民营经济促进法立法最为关键的因素，而且该部法律也直接以"促进法"命名，将其定位为促进法更为妥当。最后，从平等保护与促进发展二者之间的辩证关系来看，后者可以较好融合前者，将民营经济促进法定位为促进法更为妥当。平等保护与促进发展之间具有内在的逻辑关系，这种内在的逻辑关系可以概括为手段与目的之间的关系。平等保护是为了更好地促进发展，而更好的发展必须借助平等保护。既然平等保护与促进发展之间具有手段与目的逻辑关系，则将民营经济促进法定位为促进法更为妥当。综合以上三个方面的考虑，笔者认为，将民营经济促进法定位为促进法更为妥当。

三、因应促进法功能定位的制度构建

促进法的功能定位为科学构建民营经济促进法制度体系提供了重要依据。从促进法的功能定位出发，民营经济促进法立法应当围绕促进法功能定位，构建因应促进法功能定位的民营经济促进法制度体系，实现功能定位与制度构建之间的协调统一。具体而言，构建因应促进法功能定位的民营经济促进法制度体系，需要分别从宏

观、微观层面入手,实现促进法功能定位与民营经济促进法制度体系之间的有机融合。

(一) 宏观层面

从宏观层面来看,需要科学构建因应促进法功能定位的民营经济促进法框架体系。从宏观层面科学构建民营经济促进法的框架体系,对于确保民营经济促进法立法的体系性、协调性、统一性具有十分重大的意义。民营经济促进法的框架体系是民营经济促进法的"四梁八柱",是支撑民营经济促进法制度体系大厦的重要支点。民营经济促进法立法必须从宏观层面科学构建民营经济促进法的框架体系,确保民营经济促进法制度体系的内部协调统一性,为民营经济促进法的各项具体制度的协调配合提供基本前提,进而确保民营经济促进法在实践中的顺利实施。科学设置民营经济促进法的框架体系,需要考虑经济、政治、社会、法治等领域的多方面因素,而功能定位则是贯穿上述多方面因素中的基本主线。在确立民营经济促进法的促进法功能定位这一前提之下,构建因应促进法功能定位的民营经济促进法的框架体系,既是推动民营经济促进法立法进程的必然要求,也是确保民营经济促进法发挥应有作用的重要保障。因此,民营经济促进法立法在宏观层面的框架体系的设计上,应当充分体现促进法的功能定位,真正发挥促进法民营经济高质量发展的重要作用。具体而言,需要从以下三个方面重点突破:一是要在立法的总体思路中始终贯彻促进民营经济高质量发展的基本理念,充分体现民营经济促进法的促进法功能定位;二是要在立法的总则部分明确民营经济促进法对民营经济的促进作用,进一步宣示民营经济促进法的促进法功能定位;三是要以促进功能为主线对民营经济促进法的具体章节进行设计，对民营经济促进法的促进法功能定位进行结构性支撑。

(二) 微观层面

从微观层面来看，需要科学设计因应促进法功能定位的民营经济促进法条文内容。从微观层面科学设计民营经济促进法的条文内容，对于实现民营经济促进法制度体系的具体化、精细化和有效性具有十分重要的意义。民营经济促进法的条文内容是民营经济促进法精神理念的重要依托，是充实民营经济促进法框架体系的实体要素。民营经济促进法立法不仅需要在宏观层面科学构建框架体系，还需要在微观层面高度重视条文内容的科学设计，以确保民营经济促进法的适用性与可操作性。科学设计民营经济促进法的条文内容，除需要在立法技术、立法程序等方面充分体现立法的民主性、科学性外，还要在具体条文的实质内容方面彰显民营经济促进法的基本理念，增强民营经济促进法的实效性，确保民营经济促进法在实践中真正发挥应有作用。在确立民营经济促进法的促进法功能定位这一前提之下，民营经济促进法的具体条文的设计应当紧紧围绕促进法这一功能定位，通过具体的法律条文充分体现民营经济促进法的促进功能定位，真正发挥民营经济促进法的促进作用。具体而言，需要从以下三个方面着手：一是要坚持以问题为导向，找准当前和今后一个时期制约民营经济高质量发展的主要问题，针对主要问题设计民营经济促进法的条文内容；二是要坚持实事求是，注重实效，在设计具体条文内容时要充分考虑可操作性，压实各方责任，最大限度降低法律条文的实施难度；三是要坚持系统观念，注重各个条文之间的协调统一，通过相关条文之间的密切配合形成合力，最大限度促进民营经济高质量发展。

总体来看，构建因应促进法功能定位的民营经济促进法制度体系是一项系统性工程，既需要在宏观层面对框架体系进行整体构建，也需要在微观层面对具体条文的内容进行精细化设计。但无论是宏观层面的框架体系构建，还是微观层面的条文内容设计，都应当紧紧围绕民营经济促进法的促进法功能定位展开，实现促进法功能定位与民营经济促进法制度体系之间的有机融合。

第六讲　立法的部门定位

部门定位在很大程度上决定了民营经济促进法的调整范围与调整手段，并直接影响到民营经济促进法篇章结构的设置，对确保民营经济促进法的科学性具有十分重要的意义。对民营经济促进法进行精准的部门定位，有助于科学构建民营经济促进法理论体系。因此，很有必要对民营经济促进法的部门定位进行深入分析，并围绕民营经济促进法的部门定位构建相应的制度体系。本讲主要围绕民营经济促进法的部门定位进行理论分析。需要说明的是，对于民营经济促进法的部门定位问题，学界的认识并不统一。

一、为什么要进行部门定位

法律部门又被称为"部门法"，"是指根据法律规范所调整的社会关系的不同领域以及法律规范调整社会关系的不同方法，按照一定的原则和标准所划分的同类法律规范的总和"。[1] 法律部门划分的主要标准是法律规范所调整的社会关系和调整方法，但在具体划分时还需要从整体性、均衡性和前瞻性等角度进行综合考虑。从部门视角审视民营经济促进法的基本定位，不仅有助于更好把握民营经

---

[1] 陈柏峰主编：《法理学》，法律出版社2021年版，第89页。

济促进法的基本属性，还有助于更好地处理民营经济促进法与其他相关法律法规之间的关系。由于部门归属问题决定了对民营经济促进法基本属性的认定，对民营经济促进法的部门归属问题的不同认识，直接影响到民营经济促进法的调整范围、调整方法、价值取向、框架体系等基础性问题。此外，民营经济促进法部门归属的问题还会影响到民营经济促进法与相关法律法规之间的协调配合，并在很大程度上决定了民营经济促进法的立法走向。因此，很有必要对民营经济促进法的部门定位问题进行深入研究。

一方面，从部门视角审视民营经济促进法的基本定位，对民营经济促进法的部门归属进行准确定位，有助于更好把握民营经济促进法的基本属性。在现代国家，法律体系所包含的法律法规众多，在客观上需要按照一定的原则和标准对其进行分类确定其部门归属。对转型时期的中国而言，法律体系的构建具有必要性和紧迫性。① 无论是从理论研究的需求来看，② 还是从应对现实问题的需求来看，法律部门的划分都有十分重要的价值和意义。随着法治建设的不断推进，"以宪法为统帅，以法律为主干，以行政法规、地方性法规为重要组成部分，由宪法相关法、民法商法、行政法、经济法、社会法、刑法、诉讼与非诉讼程序法等多个法律部门组成的有机统一整体"的中国特色社会主义法律体系已经形成。③ 民营经济促进法在中国法律体系中的基本定位问题，是民营经济促进法立法的关键点。制定民营经济促进法，需要充分考虑其在中国特色社会主义法律体系中的具体位置，也就是民营经济促进法的部门归属问

---

① 参见张志铭：《转型中国的法律体系建构》，载《中国法学》2009年第2期。
② 参见梁迎修：《方法论视野中的法律体系与体系思维》，载《政法论坛》2008年第1期。
③ 中华人民共和国国务院新闻办公室：《中国特色社会主义法律体系》，人民出版社2011年版，第10页。

题。这是因为，只有对民营经济促进法的部门归属进行准确定位，才能更好把握民营经济促进法的基本属性，进而为科学设置民营经济促进法的框架体系和条文内容奠定基础。因此，很有必要从部门视角审视民营经济促进法的基本定位，厘定民营经济促进法的部门定位，妥善解决民营经济促进法的部门归属问题，精准把握民营经济促进法的基本属性，科学构建民营经济促进法的制度体系。

另一方面，从部门视角审视民营经济促进法的基本定位，有助于更好地处理民营经济促进法与其他相关法律法规之间的关系，最大限度减少民营经济促进法与其他相关法律法规冲突的可能性。法律法规之间的协调配合对于维护法治的统一性具有十分重要的意义。由于经济社会生活的复杂性，实践中具体问题的解决可能会涉及多部法律法规，这就需要在立法时充分考虑法律法规之间的协调配合，尽可能减少法律法规之间不一致现象的发生。为了更好实现法律法规之间的协调统一，真正发挥法律法规的应有作用，很有必要对法律法规在整个法律体系中的归属进行精准定位。从这种意义上来讲，法律部门的划分不仅有助于更好区分不同属性的法律法规，还有助于强化法律法规之间的内在联系，进而促进法律法规之间的协调配合。民营经济广泛涉及政治、经济、社会等多个领域，在法律调整方面必然涉及多部法律法规，法律法规之间的协调配合就显得尤为重要。为了确保民营经济促进法立法的科学性与实效性，必然要充分考虑民营经济促进法与相关法律法规之间的协调配合问题。为了更好解决民营经济促进法与相关法律法规之间的协调配合，需要对民营经济促进法的部门归属问题进行深入探讨，并在此基础上厘清民营经济促进法与相关法律法规之间的基本关系，为科学设置民营经济促进法的框架结构与条文内容提供重要依据，进而实现民营经济促进法与相关法律法规之间的协调统一，为民营经济促进法的顺利实施提供重要的前提条件。

二、应当将民营经济促进法定位为经济法

就当前中国特色社会主义法律体系的基本情况来看，主要包括宪法及宪法相关法、民法商法、行政法、经济法、社会法、刑法、诉讼与非诉讼程序法七个法律部门。虽然民营经济促进法与上述七个法律部门都有一定的联系，但在对其进行部门定位时，应当按照"最密切联系"的原则决定民营经济促进法的部门归属。按照这一原则，民营经济促进法显然不应当被归入宪法及宪法相关法、刑法、诉讼与非诉讼程序法等法律部门。此外，虽然民营经济促进法的个别条文也会涉及行政法、社会法的相关内容，而且上述两个法律部门中也都有以"促进法"命名的法律，但从民营经济促进法的基本属性与整体内容来看，显然也不应当被归入行政法或社会法之中。在排除上述法律部门的前提下，最有可能的分歧点在于民营经济促进法到底是属于民商法还是经济法。对民营经济促进法的部门归属问题的分析，大致可以围绕民法商法、经济法两个法律部门展开。民法商法是维护社会主义市场经济运行的基础性法律，为民营经济的健康发展提供了重要的法治保障。进一步促进民营经济的发展壮大，离不开民法商法的基础性法律保障作用的充分发挥。在民营经济促进法的制度设计中，也必然会涉及与民法商法相关的条文和内容。基于民营经济促进法与民法商法之间的这种密切联系，部分学者认为应当将民营经济促进法归入民法商法的范畴。不可否认，相较于行政法、刑法等法律部门，民营经济促进法与民法商法之间的联系更为密切，但从民营经济促进法的功能定位、调整对象

和调整方法等方面来看,将民营经济促进法应当归入经济法部门更为妥当。

一方面,民营经济促进法的功能定位与经济法更为契合。经济法是调整在现代国家进行宏观调控和市场规制的过程中发生的社会关系的法律规范的总称。[1] 经济法不仅是典型的"分配法",[2] 亦被称为"发展促进法"。[3] 在经济法多个领域,促进型法律规范都十分常见,[4] 在促进经济社会发展方面发挥着十分重要的作用。除了直接以"促进法"命名的中小企业促进法、清洁生产促进法、农业机械化促进法、循环经济促进法、乡村振兴促进法等法律之外,在财税法、金融法、竞争法、产业法等相关立法中,也都存在大量的促进型法律规范。由此可见,促进功能是经济法的重要功能。民营经济促进法以促进法为功能定位,其立法的重要目的之一就是要通过优化民营经济发展环境促进民营经济的高质量发展,并在制度构建方面因应促进法功能,在整体上并未超出促进型法律规范的基本范畴,属于典型的"促进法"。由此可见,民营经济促进法在促进功能定位上与经济法高度契合,将其归入经济法更为合理。

另一方面,民营经济促进法的调整对象与经济法更为契合。划分法律部门的主要依据是调整对象的不同,不同法律部门在调整对象方面具有较为明显的差异。经济法能够成为独立法律部门的主要依据就在于经济法具有独立的调整对象。作为中国特色社会主义法律体系的重要组成部分,经济法的调整对象是在现代国家进行宏观

---

[1] 张守文:《经济法总论》,中国人民大学出版社2009年版,第34页。
[2] 张守文:《贯通中国经济法学发展的经脉——以分配为视角》,载《政法论坛》2009年第6期。
[3] 张守文:《分配危机与经济法规制》,北京大学出版社2015年版,第7页。
[4] 关于促进型经济法的相关研究,参见张守文:《论促进型经济法》,载《重庆大学学报(社会科学版)》2008年第5期。

调控和市场规制的过程中发生的社会关系。从经济法的角度来看，经济法调整的社会关系广泛涉及财税、金融、计划、竞争等多个领域，均与民营经济的发展紧密相联。从民营经济的角度来看，民营经济促进法主要调整在促进民营经济发展过程中发生的社会关系，同样与经济法调整的社会关系高度契合。事实上，在民营经济促进法立法过程中，需要解决的重点问题之一就是准确界定民营经济促进法的调整对象。虽然对民营经济促进法的调整对象问题学界仍然存在一些争论，但从民营经济促进法的内容来看，民营经济促进法的调整对象与经济法高度契合。例如，民营经济促进法除规定公平竞争、投资融资促进、科技创新、规范经营、权益保护等方面的内容外，还特别强调要持续优化营商环境，充分发挥行业协会和商会的作用，具有典型的经济法属性。由此可见，民营经济促进法的调整对象同样与经济法高度契合，将其归入经济法更为妥当。

总体来看，民营经济促进法的重点在于强调对民营经济的促进功能，在功能定位与调整对象等方面都与经济法高度契合，因而应当归入经济法这一法律部门。此外，需要特别说明的是，民营经济促进法应当归入经济法部门，并不意味着在民营经济促进法中不可以有其他部门法的相关条文。事实上，在现代社会，由于经济社会生活的复杂性，大多数法律都或多或少具有一定的综合性。因此，在民营经济促进法中出现个别具有民法商法、行政法、刑法等部门法属性的法律条款，并不影响民营经济促进法的经济法属性。

三、因应经济法部门定位的制度构建

基于民营经济促进法属于经济法这一认识，在当前正在进行的民营经济促进法立法过程中，应当始终坚持民营经济促进法的经济

法部门定位，围绕经济法部门定位构建因应经济法部门定位的民营经济促进法制度体系，实现部门定位与制度构建之间的协调一致。具体而言，就是要在民营经济促进法的制度构建及具体条文设计上，坚持以具有经济法属性的法律规范为主，在基本理念、价值追求、调整对象、调整方法等方面与经济法形成互为因应，实现经济法部门定位与民营经济促进法制度体系之间的高度契合。

从基本理念与价值取向的角度来看，民营经济促进法在进行制度构建及具体条文设计时，应当充分体现经济法对经济效率与社会公平的价值追求。经济法是中国特色社会主义法律体系的重要组成部分，更加注重从社会整体利益的角度体现对经济效率与社会公平的追求。[1] 在经济法的不同领域，虽然表述经济法基本理念与价值取向的具体方式可能会有所不同，但在核心理念与基本价值方面却高度一致。例如，反垄断法、反不正当竞争法、消费者权益保护法侧重于对市场公平竞争秩序的维护，财税法、金融法、计划法则侧重于对宏观经济协调发展的维护，但都充分体现了对经济效率与社会公平的双重关注。从当前我国民营经济发展所面临的主要问题来看，基于对民营经济促进法在部门定位上属于经济法的认识，民营经济促进法在制度设计方面应当充分体现对经济效率与社会公平的双重关注，以有效回应当前制约民营经济发展壮大的突出问题。为此，在民营经济促进法的相关条文中确立公平竞争、平等保护、综合平衡、协调发展等经济法的基本理念与价值追求的同时，还要在具体的制度设计中充分贯彻落实上述基本理念与价值追求。从民营经济促进法的具体内容来看，除了在总则部分规定"国家坚持平等对待、公平竞争、同等保护、共同发展的原则"之外，还通过具体

---

[1] 肖京：《经济法的经济社会二元功能之冲突与平衡》，载《法学论坛》2012年第6期。

法律条文将经济法的基本理念与价值追求贯穿其中，较好地实现了民营经济促进法与经济法的因应。

从调整对象与调整方法的角度来看，民营经济促进法在进行制度构建及具体条文设计时，应当充分体现与经济法调整对象、调整方法之间的高度契合。调整对象是划分法律部门的主要标准，调整方法是划分法律部门的重要标准。作为中国特色社会主义法律体系的重要组成部分，经济法具有独立的调整对象与独特的调整方法。经济法的调整对象主要包括宏观调控关系和市场规制关系，前者又可以具体分为财税调控关系、金融调控关系和计划调控关系等，后者又可以具体分为反垄断关系、反不正当竞争关系、消费者保护关系等。经济法的调整方法大致可以分为强制性手段与引导激励性手段。民营经济促进法以促进法为功能定位，以经济法为部门定位，不应当也不可能对涉及民营经济的所有问题进行规范，而是应当围绕民营经济发展中的核心问题，充分体现对民营经济发展的促进功能，充分体现与经济法调整对象、调整方法的高度契合。就我国当前民营经济发展所面临的主要问题来看，民营经济的发展环境有待进一步优化、政策支持力度有待进一步加大、法治保障水平有待进一步提升，这些都应当成为民营经济促进法立法中需要重点考虑的核心问题。需要注意的是，上述问题同时也都是经济法长期以来关注的问题，并通过财税法、金融法、反垄断法、反不正当竞争法等具体法律法规对其进行调整。事实上，从民营经济促进法的章节条款来看，公平竞争、投资融资促进、科技创新、规范经营、服务保障、权益保护等方面的内容都与经济法的调整对象与调整方法高度一致，同样较好体现了民营经济促进法与经济法的因应。

总体来看，构建因应经济法部门定位的民营经济促进法制度体系，需要充分考虑民营经济促进法与经济法之间的内在逻辑关系，在基本理念、价值追求、调整对象、调整方法等方面与经济法进行全方位、全链条的因应，实现民营经济促进法制度体系与经济法部门定位之间的高度契合。

第七讲　立法的领域定位

领域定位对应的是民营经济促进法在整个民营经济法治体系中的定位问题，体现的是问题导向的思维方式。领域定位不仅直接影响到民营经济促进法本身的体系结构与制度设计，还会对民营经济领域的其他相关立法产生十分重要的影响，是民营经济促进法立法中的重大理论与实践问题。为确保民营经济促进法的科学性、系统性、整体性、协调性，很有必要从领域定位的视角对民营经济促进法进行深入分析。本讲主要围绕民营经济促进法的领域定位及其制度因应进行讲解。

一、为什么需要进行领域定位

随着现代科学技术的深入发展，社会生产力水平快速提升，人类社会关系的复杂程度超过了历史上的任何时期。作为调整人类社会关系的法律规范也在不断扩充，无论是调整的广度还是调整的深度，均达到了前所未有的程度。在现代社会，社会关系的日益复杂化不仅给法治建设带来了全方位的新挑战，还对法学研究提出了全方位的新要求。从法治建设的角度来看，法治建设需要有效应对层出不穷的各种社会问题；从法学研究的角度来看，法学研究应对当前日益复杂的法治体系进行有效回应。无论是从法治建设还是从法学研究的角度来看，坚持以问题为导向，推动具体领域的法治建设与法学研究，均具有十分重大的理论与现实意义。也正因如此，领域法和领域法学的概念受到了学界的关注。[1] 领域法学理论作为对传统部门法学理论的有益补充，[2] 虽然并不能替代传统部门法理论，但其所强调的问题导向思维方式，对于研究具体问题无疑具有十分重要的价值。

就民营经济促进法立法来看，从领域定位视角认识民营经济促进法立法，具有十分重要的意义。规范民营经济需要包括民营经济促进法在内的多部法律法规，这些法律法规以民营经济为中心形成一个相对独立的领域。从领域定位视角审视民营经济促进法立法，不仅有助于更好把握民营经济促进法的本质属性，进而提升民营经济促进法立法自身的科学性，还有助于增强民营经济促进法与其他相关法律法规之间的协调性，进而实现民营经济领域立法的体系化、系统化。为确保民营经济促进法立法的科学性，实现民营经济促进法与民营经济领域其他法律法规之间的协调统一，必须找准民营经济促进法在民营经济法治体系领域中的领域定位。

从领域定位的视角审视民营经济促进法立法，有助于更好把握民营经济促进法的本质属性，进而提升民营经济促进法立法自身的科学性。制定民营经济促进法，需要不断深化对民营经济促进法的认识，深刻把握民营经济促进法的本质属性，为科学构建民营经济促进法制度体系提供基本前提。由于民营经济所涉及的领域相当广泛，对民营经济促进法本质属性的认识，也可以从不同角度、维度

---

[1] 关于领域法与领域法学的相关论述，参见刘剑文：《论领域法学：一种立足新兴交叉领域的法学研究范式》，载《政法论丛》2016年第5期；熊伟：《问题导向、规范集成与领域法学之精神》，载《政法论丛》2016年第6期；侯卓：《"领域法学"范式：理论拓补与路径探明》，载《政法论坛》2017年第1期；王桦宇：《领域法学研究的三个核心问题》，载《法学论坛》2018年第4期。

[2] 参见侯卓：《领域法的体系构造与价值定位》，载《广东社会科学》2024年第5期。

与层面展开。前文分别从功能视角、部门视角对民营经济促进法分别进行定位，认为民营经济促进法应当在功能上定位为促进法、在部门上定位为经济法。在前文功能定位、部门定位的基础上，进一步从领域定位的视角审视民营经济促进法立法，能够更加全面把握民营经济促进法的本质属性，进而为科学构建民营经济促进法制度体系提供重要依据。事实上，功能定位、部门定位、领域定位三者之间具有清晰的递进关系。功能定位侧重于回应民营经济促进法立法的必要性与价值取向等问题，部门定位侧重于回应民营经济促进法在整个法律体系中的部门归属以及调整范围、调整方法等问题，领域定位侧重于回应民营经济促进法在民营经济领域相关立法中的地位以及内部协调等问题。通过上述三维定位，可以从不同层面、不同角度全面认识民营经济促进法的本质属性，进而为科学构建民营经济促进法制度体系提供依据。

从领域定位的视角审视民营经济促进法立法，还有助于增强民营经济促进法与其他相关法律法规之间的协调性、关联性、一致性，进而实现民营经济领域立法的系统化、体系化、整体化。妥善处理民营经济促进法与经济领域的其他立法之间的关系，是民营经济促进法立法过程中需要认真对待的重大问题。由于民营经济广泛涉及经济、社会等多个领域，促进民营经济发展壮大也必然需要多部法律法规综合调整。民营经济促进法是民营经济领域第一部专门立法，但并不意味着仅仅通过民营经济促进法就可以实现对民营经济全方位的规范调整。事实上，除民营经济促进法，民法典、公司法、刑法、反垄断法、反不正当竞争法、企业所得税法、行政诉讼法、民事诉讼法、刑事诉讼法等法律法规，对民营经济的高质量发展都起到了十分重要的保障作用。与此同时，随着民营经济的进一步发展以及法治的进一步完善，围绕民营经济进行的其他相关立法也将会提上日程。上述法律法规共同作用于民营经济，使得如何有效协调不同法律法规之间的关系问题就显得尤为重要。此外，从系统论的视角来看，民营经济促进法自身功能的充分发挥，同样也需要其他相关法律法规的协调配合。民营经济促进法立法既要关注自身制度构建，也要充分考虑与相关法律法规之间的协调配合，尤其是与民营经济领域相关法律法规之间的协调配合。

二、民营经济领域的基本法

作为民营经济领域的第一部专门立法，民营经济促进法的领域定位问题，不仅对我国现有民营经济领域相关法律法规产生重要影响，还对未来民营经济领域相关立法尤其是未来民营经济领域的专门立法带来深远影响。对于民营经济促进法的领域定位，笔者以为，从民营经济法治建设的现实需求与未来发展来看，应当将民营经济促进法定位为民营经济领域的基本法。

从民营经济法治建设的现实需求来看，应当将民营经济促进法定位为民营经济领域的基本法。现实需求是对民营经济促进法进行领域定位的重要依据。就我国当前的现实情况来看，民营经济领域的基本法长期缺位，相关法律规定主要散见于宪法、刑法、民法典、公司法、反垄断法、反不正当竞争法、商业银行法、企业所得税法、民事诉讼法、行政诉讼法、刑事诉讼法等多部法律法规之中，在体系上缺乏应有的整体性、系统性和协调性，在内容上也并不完全一致，甚至存在一定程度的矛盾与冲突。[1] 上述问题的客观

---

[1] 肖京：《进一步强化促进民营经济发展壮大的法治保障》，载《清华金融评论》2024年第3期。

存在，不仅不利于民营经济领域相关法律法规作用的充分发挥，还对民营经济发展壮大产生了一定程度的负面影响，成为制约民营经济发展壮大的重要因素。从当前的现实需求来看，在客观上迫切需要一部具有基本法地位的专门性法律，对现有的民营经济领域相关法律法规进行有效整合，以增强民营经济领域法律法规的适用性。也正是在这一现实需求下，才形成了对民营经济进行专门立法的基本共识。作为民营经济领域的第一部专门立法，民营经济促进法应当承担起民营经济领域基本法的功能，充分发挥民营经济领域基本法的重要作用，对当前民营经济领域的现实问题予以有效回应。从这种意义上讲，将民营经济促进法定位为民营经济领域的基本法，并以民营经济促进法统领民营经济领域其他法律法规，构建系统完善的民营经济法律制度体系，是由现实的客观需要所决定的，具有一定的现实必然性。

从民营经济法治建设的未来发展来看，应当将民营经济促进法定位为民营经济领域的基本法。民营经济促进法立法既要立足当前、又要着眼长远，在解决当前民营经济发展面临的现实问题的同时，充分体现民营经济促进法立法的整体性、宏观性、前瞻性、系统性。民营经济促进法是民营经济领域的第一部专门立法，但并不意味着民营经济促进法就是民营经济领域唯一的专门立法。随着民营经济的进一步发展，民营经济领域的相关立法也必将进一步完善。由于民营经济促进法是民营经济领域的第一部专门法律，对后续民营经济领域相关立法将会产生重要影响，为确保民营经济法治的整体性、科学性、系统性，需要在民营经济促进法立法的同时，还要充分考虑民营经济促进法与未来民营经济领域其他相关立法的协调配合问题。随着民营经济领域相关法律法规的进一步完善，民营经济促进法的引领与统领功能将会进一步凸显。将民营经济促进法定位为民营经济领域的基本法,搭建民营经济法治体系基本框架,对民营经济领域的主要问题进行回应,不仅有助于提升民营经济促进法立法的科学性,还能为未来民营经济领域相关立法预留空间,实现立足现实、面向未来的双重功效。事实上,从民营经济促进法的具体内容来看,民营经济促进法也具备成为民营经济发展领域基本法的基本条件。民营经济促进法第一章(总则)的内容具有高度的概括性,党中央、国务院关于促进民营经济发展壮大的主要政策都在相关条文中有所体现,在事实上起到了统领民营经济法律法规的重要作用。此外,民营经济促进法的章节条文虽然并不算多,但基本涵盖了民营经济发展中的主要问题,能够承担起民营经济发展领域基本法的功能,在事实上形成民营经济促进法统领民营经济领域法律法规的局面。基于上述分析,从民营经济法治建设的未来发展来看,将民营经济促进法定位为民营经济领域的基本法更为妥当。

综合以上分析可以看出,领域定位是民营经济促进法立法中的重大理论与现实问题,对民营经济促进法进行精准定位,直接影响到民营经济促进法的科学性与民营经济法治体系的系统性。无论是从民营经济法治建设的现实需求来看,还是从民营经济法治建设的未来发展来看,都应当将民营经济促进法定位为民营经济领域的基本法。

三、因应基本法领域定位的制度构建

基于民营经济促进法是民营经济领域基本法这一基本认识,应当围绕基本法的领域定位科学构建民营经济促进法制度体系,实现

领域定位与制度构建之间的协调统一与相互因应。具体而言，就是要在民营经济促进法的制度构建及具体条文设计时，既要充分体现民营经济促进法在民营经济领域基本法的定位，又要高度注重民营经济促进法与民营经济领域相关法律法规之间的协调配合，更好发挥民营经济促进法的统领与引领作用，最大限度避免民营经济领域不同法律法规之间的矛盾冲突，实现基本法领域定位与民营经济促进法制度体系之间的高度契合。

一方面，要紧紧围绕民营经济领域基本法的领域定位构建民营经济促进法制度体系，充分发挥民营经济促进法的统领与引领作用。如前文所述，无论是从民营经济法治建设的现实需求来看还是从未来发展来看，都需要将民营经济促进法定位为民营经济领域的基本法，以便更好发挥民营经济促进法的统领与引领作用。这就要求在对民营经济促进法进行制度构建及具体条文设计时，应当坚持以基本法的定位构建民营经济促进法的宏观架构，通过对基本制度的科学构建充分体现民营经济促进法的基本法领域定位，更好发挥民营经济促进法对民营经济领域相关法律法规的统领与引领作用。具体而言，重点可以从以下三个方面把握：一是在总则部分体现民营经济促进法的基本法地位。总则部分规定的内容一般较为原则，概括性较强，能够起到提纲挈领、统揽全局的功效。为了更好发挥民营经济促进法的统领与引领作用，最好能在民营经济促进法的总则部分对民营经济促进法的基本法领域定位充分体现。二是在章节设置方面体现了民营经济促进法的基本法领域定位。作为民营经济促进法的宏观架构，章节设置在展现民营经济促进法的基本法领域定位方面能够起到关键性作用。因此，在对民营经济促进法进行章节设置时，要确保主要章节能够涵盖民营经济领域的主要问题与主要制度，在制度建设方面统领和引领民营经济领域相关法律法规。三是在具体条文设计方面充分体现了民营经济促进法的基本法领域定位。具体条文所涉及的内容一般较为具体，主要是针对具体问题进行规范。民营经济促进法是民营经济领域的基本法，需要发挥对民营经济领域其他法律法规的统领与引领作用。因此，在对民营经济促进法具体条文设计，需要在有效解决具体问题的同时，注重具体条文的概括性与普适性，以更好发挥民营经济促进法的统领与引领作用。

另一方面，要高度重视民营经济领域其他法律法规对民营经济促进法的协调配合作用，做好民营经济促进法相关规定与民营经济领域其他法律法规之间的衔接配合。将民营经济促进法定位为民营经济领域基本法，并不意味着民营经济促进法可以解决民营经济领域的所有问题，也并不意味着民营经济促进法可以替代民营经济领域其他相关法律法规。事实上，民营经济促进法的基本法定位只有在科学系统的民营经济法治体系中才能更好地得到体现，民营经济促进法基本法作用的发挥同样需要民营经济领域其他相关法律法规的密切配合。因此，构建因应基本法定位的民营经济促进法制度体系，必须高度重视民营经济促进法与民营经济领域其他相关法律法规之间的协调、配合与衔接问题。具体而言，需要从以下三个方面着手：一是要坚持在民营经济法治体系的整体布局中构建民营经济促进法的制度体系。民营经济促进法的基本法领域定位，需要放在整个民营经济法治体系中去理解、认识与展现。构建因应基本法领域定位的民营经济促进法制度体系，必须进一步深化认识、提高站位，注重制度构建的宏观性、整体性，坚持在民营经济法治体系的总体布局、整体架构中构建民营经济促进法的制度体系。二是要注重民营经济促进法与民营经济领域现有法律法规之间的协调配合。构建因应基本法领域定位的民营经济促进法制度体系，充分发挥民营经济促进法的统领与引领作用，需要对当前民营经济领域相关法律法规进行科学评估，高度重视民营经济促进法制度体系与现有法律法规的协调配合问题。三是要注重民营经济促进法与未来民营经济领域其他相关立法之间的有效衔接。为了更加充分体现民营经济促进法的基本法领域定位，更好发挥民营经济促进法的统领与引领作用，需要立足当下、着眼长远，在构建因应基本法领域定位的民营经济促进法制度体系时充分体现制度构建的前瞻性，做好民营经济促进法立法与未来民营经济领域相关立法之间的有效衔接。

由此可见，构建因应基本法领域定位的民营经济促进法制度体系，既要充分体现民营经济促进法的基本法定位，充分发挥民营经济促进法的统领与引领作用，又要高度重视民营经济促进法与民营经济领域其他相关法律法规之间的协调配合，形成体系完备、内容协调、互为因应的民营经济法治体系，更好发挥法治对民营经济的促进与保障作用。

综上，从民营经济促进法的篇章设计和具体条文的内容来看，将民营经济促进法定位为民营经济领域的基本法是合适的。从未来发展的角度来看，今后民营经济领域其他相关立法应当以民营经济促进法为重要依据，并在民营经济促进法的统领下构成体系完备的民营经济法治体系。

第八讲　制度体系与外部关系

民营经济促进法多个条文之间具有密切联系。因此，学习民营经济促进法，需要从宏观角度对民营经济促进法的制度体系进行整体把握。此外，由于民营经济所涉及的领域较为广泛，民营经济促进法虽然在立法定位上是民营经济领域的基本法，但也不可能对民营经济领域的所有问题都进行详细规定，所以这就涉及民营经济促进法与相关法律法规之间的协调与制度衔接。本讲主要集中分析民营经济促进法的制度体系及与其他相关法律法规之间的关系。

一、构建制度体系的思路

制定民营经济促进法的核心问题就是要科学构建民营经济促进法的制度体系。科学构建民营经济促进法的制度体系，需要从民营经济促进法的底层逻辑出发，遵循民营经济促进法立法的总体思路，以民营经济促进法的立法定位为依据，围绕民营经济促进法的立法理念，以民营经济促进法立法中的基本问题、核心问题和重点问题为中心，搭建民营经济促进法的"四梁八柱"。具体而言，构建民营经济促进法的制度体系的总体思路如下。

一是从民营经济促进法的底层逻辑出发。立法从来就不是单纯的技术问题，而是要充分考虑立法背后的利益调整与资源分配，民营经济促进法的立法也不例外。党的二十届三中全会提出民营经济促进法，是党中央经过慎重考虑、综合各方面因素作出的重大决策，具有深厚的现实基础。制定民营经济促进法必须从民营经济促进法的底层逻辑出发，要充分考虑立法背后的政治、经济、社会、文化等方面的各种因素。无论是对民营经济促进法基本框架的宏观设计，还是对民营经济促进法的具体条文的设计，都需要从多个维度多方考虑、综合平衡，这样才能制定出一部真正符合实际情况、真正发挥重要作用的民营经济促进法。

二是遵循民营经济促进法立法的总体思路。如前文所述，立法的总体思路直接影响到立法的基本走向、制度建构与实际效能。因此，制定民营经济促进法必须遵循民营经济促进法立法的总体思路，沿着总体思路推进民营经济促进法立法工作。坚持党的全面领导、坚持以人民为中心、坚持系统观念、坚持问题导向，这四个方面对构建民营经济促进法的制度体系具有重要的引领价值和指导意义，需要强调的是，立法的总体思路具有较强的宏观性和抽象性，在立法实践中需要特别注意要一切从实际出发，对具体问题进行具体分析。

三是以民营经济促进法的立法定位为依据。立法定位同样是影响制度体系构建的重要因素，制定民营经济促进法需要以立法定位为依据，按照立法定位搭建制度框架体系、设计具体条文。民营经济促进法在部门法定位上应当归入经济法，在领域定位上应当是民营经济领域的基本法。以这一立法定位为依据，民营经济促进法的制度体系构建应当具有一定的综合性，同时应当以经济法规范为主，精准反映民营经济促进法的立法定位。

四是围绕民营经济促进法的立法理念。立法理念贯穿整个法律的全部领域，是法律的灵魂之所在。事实上，作为一部具有经济法属性的民营经济领域的基本法，民营经济促进法的各项制度的安排均应当围绕立法理念展开。民营经济促进法中的制度体系安排和相关条文的表述，必须彰显民营经济促进法的立法理念。

五是以民营经济促进法立法中的基本问题、核心问题和重点问题为中心。党的二十届三中全会明确提出制定民营经济促进法，就是要真正解决现实中的突出问题。因此，民营经济促进法立法要以现实中的重点问题为中心构建制度体系，除了在总则部分对现实中的重点问题进行了回应之外，还在后面的篇章中围绕公平竞争、投资融资促进、科技创新、规范经营、服务保障、权益保护等重点问题构建制度体系。

二、现行法的制度体系

2025年5月20日正式实施的民营经济促进法分为9章78条，在制度体系结构方面清晰完整，主要规定了以下内容：

第一章是总则。主要规定了促进民营经济发展的总体要求、立法目的、立法原则和立法思路，共有9个条文。具体来讲：一是规定了民营经济促进法的立法目的；二是明确促进民营经济发展工作坚持党的领导，坚持以人民为中心，坚持中国特色社会主义制度，确保民营经济发展的正确政治方向；三是明确坚持"两个毫不动摇"；四是强调民营经济组织及其经营者应当拥护中国共产党的领导，坚持中国特色社会主义制度，积极投身社会主义现代化强国建设，遵守法律法规，遵守社会公德和商业道德，履行社会责任，接受政府和社会监督。

第二章是公平竞争。本章着力健全、完善民营经济组织市场准入领域公平参与市场竞争的制度机制，把实践中行之有效的政策和做法确定为法律制度，共有 6 个条文。具体而言：一是规定市场准入负面清单以外的领域，包括民营经济组织在内的各类经济组织可以依法平等进入；二是对落实公平竞争审查制度、定期清理市场准入壁垒、禁止在招标投标和政府采购中限制或者排斥民营经济组织等作出规定。

第三章是投资融资环境。本章主要是完善制度措施，降低制度性交易成本，优化民营经济投资融资环境，共有 11 个条文。一是支持民营经济组织参与国家重大战略和重大工程；二是完善民营经济组织融资风险市场化分担机制；三是明确投资融资鼓励支持措施在依法的前提下，按照平等适用、市场化等原则实施。

第四章是科技创新。本章主要是鼓励民营经济组织以科技创新催生新产业、新模式、新动能，共有 7 个条文。一是鼓励、支持民营经济组织在推动科技创新、培育新质生产力、建设现代化产业体系中发挥积极作用；二是支持民营经济组织参与国家科技攻关项目；三是支持民营经济组织依法参与数字化、智能化共性技术研发和数据要素市场建设；四是保障民营经济组织依法参与标准制定工作；五是支持民营经济组织加强新技术应用；六是鼓励民营经济组织积极培养使用知识型、技能型、创新型人才；七是加强对民营经济组织及其经营者原始创新的保护。

第五章是规范经营。本章注重规范引导，体现了促进与规范引导并重的立法思路，共有 10 个条文。一是强调发挥民营经济组织中党组织政治引领作用和党员先锋模范作用；二是强调民营经济组织工作应当围绕国家工作大局；三是强调民营经济组织生产经营活动应当遵守法律法规，不得妨害市场和金融秩序、用贿赂和欺诈等手段牟利、破坏生态环境、损害劳动者合法权益和社会公共利益；四是强调依法规范和引导民营资本健康发展，支持民营经济组织加强风险防范管理；五是强调民营经济组织应当完善治理结构和管理制度、规范经营者行为；六是推动构建民营经济组织源头防范和治理腐败的体制机制；七是强调民营经济组织应当依照法律、行政法规和国家统一的会计制度，加强财务管理，规范会计核算，防止财务造假；八是促进员工共享发展成果；九是鼓励、引导民营经济组织积极履行社会责任；十是民营经济组织及其经营者在海外投资经营要遵守当地法律和习惯等。

第六章是服务保障。本章聚焦优化服务保障，共有14个条文。主要是明确应建立畅通有效的政企沟通机制，制定与经营主体生产经营活动密切相关的法律法规和政策措施时应当注重听取意见，高效便利办理涉企事项，完善人才激励和服务保障政策措施。同时，对强化行政执法监督、防止多头执法等作出规定。健全信用修复制度，对符合信用修复条件的，及时解除惩戒措施并在相关公共信用信息平台实现协同修复。

第七章是权益保护。本章主要是加强权益保护，共有13个条文。一是明确规定民营经济组织及其经营者的人身权利、财产权利以及经营自主权等合法权益受法律保护；二是实施限制人身自由的强制措施，应当严格依照法定权限、条件和程序进行；三是征收、征用财产，查封、扣押、冻结涉案财物，应当严格依照法定权限、条件和程序进行；四是明确规定禁止利用行政或者刑事手段违法干预经济纠纷；五是规范异地执法行为，建立健全异地执法协助制度；六是围绕加强账款支付保障工作，强化预算管理，有针对性地细化支付账款规定，设置账款拖欠协商调解处置程序等。

第八章是法律责任。本章主要是强化法律责任，共有 6 个条文。为了使本法规定的制度措施得到有效落实，设专章强化有关违法行为的法律责任，以增强制度刚性和权威性。

第九章是附则。本章只有 2 个条文。一是对民营经济组织进行法律界定，明确民营经济组织涉及外商投资的法律适用问题；二是明确法律施行的时间。

三、民营经济促进法的外部关系

民营经济所涉及的领域较为广泛。民营经济促进法虽然在定位上是民营经济领域的基本法，但也不可能对民营经济领域的所有问题都进行详细规定，所以这就涉及民营经济促进法与相关法律法规之间的协调与制度衔接问题。按照与民营经济促进法关系的紧密程度，民营经济促进法的外部关系大致可以分为三个层次。对不同层次的外部关系，需要按照不同的方式进行妥善处理。

第一层次的外部关系是民营经济促进法与民营经济领域其他专门立法之间的关系。民营经济促进法是民营经济领域的第一部专门性立法，目前尚未出台民营经济领域的其他专门立法。但这并不意味着今后不会出台民营经济领域的其他专门立法。随着民营经济的进一步发展以及民营经济法治的不断完善，民营经济领域其他相关专门立法也将会提上日程。因此，在民营经济促进法的立法过程中，需要提前系统规划民营经济领域的专门性立法，在制度衔接方面提前做好安排。当然，这种安排只能是根据预估的情况，并不一定就能完全符合未来的实际需求。从增强立法前瞻性的角度来看，在制定民营经济促进法的时候，就应当为未来民营经济领域相关立法预留空间，注重民营经济领域相关专门立法之间的协调配合。这是第一层次的外部关系处理问题。

第二层次的外部关系是民营经济促进法与经济法领域内的其他法律法规之间的关系。如前文所述,民营经济促进法在立法定位上应当归入经济法部门。这一定位决定了民营经济促进法必然与经济法部门中的其他法律法规之间具有十分密切的联系。例如,反垄断法、反不正当竞争法以及财税法、金融法等方面的法律法规调整范围,有相当一部分与民营经济促进法之间重叠。这就涉及民营经济促进法与反垄断法、反不正当竞争法、消费者权益保护法、金融法、金融稳定法、中国人民银行法、银行业监督管理法、企业所得税法、企业破产法等经济法领域相关法律法规的协调问题。一个可行的思路是协同推进立法,在立法中尽可能做好协调,避免法律法规之间的矛盾冲突。事实上,从有关部门公布的立法规划来看,民营经济促进法与金融法、金融稳定法的立法以及反不正当竞争法、企业破产法、银行业监督管理法等法律的修改也正在同步推进。此外,基于民营经济促进法属于经济法部门的认识,在处理民营经济促进法与经济法领域其他法律法规之间的关系时,还可以按照经济法的基本原理,对经济法部门内部法律法规之间的不一致问题进行妥善处理。

第三层次的外部关系是民营经济促进法与宪法、行政法、刑法、社会法、程序法等领域的相关法律法规之间的关系。宪法是我国的根本大法,具有最高的法律效力,民营经济促进法制定必须以宪法为依据。从这种意义上来讲,民营经济促进法在制定过程中就要充分考虑与宪法的关系问题,严格以宪法相关规定为依据。此外,行政法、刑法、社会法、程序法等领域的法律法规,也会涉及民营经济领域的相关法律问题。民营经济促进法在调整范围、调整方法等方面都有别于上述领域的法律法规，但这并不影响对民营经济的共同调整。因此，需要妥善处理民营经济促进法与上述领域相关法律法规之间的关系。这就要求在民营经济促进法立法过程中，一定要注意做好与相关法律法规的衔接工作，尤其是要处理好民营经济促进法与民法典、刑法、公司法、劳动法、行政诉讼法、民事诉讼法、刑事诉讼法等法律法规之间的关系，尽可能避免可能发生的矛盾冲突。

事实上，从民营经济促进法的具体条文也可以看出，民营经济促进法在法律条文方面与民法典、公司法、合伙企业法、刑法、行政处罚法、行政诉讼法、民事诉讼法、刑事诉讼法等多部法律法规之间存在交叉现象，需要在适用时处理好民营经济促进法与相关法律法规之间的关系。例如，在民营经济促进法第38条第3款明确规定，"民营经济组织的组织形式、组织机构及其活动准则，适用《中华人民共和国公司法》、《中华人民共和国合伙企业法》、《中华人民共和国个人独资企业法》等法律的规定"，涉及与民商法领域相关法律法规之间的协调问题。又如，民营经济促进法第63条明确规定，办理案件应当严格区分经济纠纷与经济犯罪，遵守法律关于追诉期限的规定；"生产经营活动未违反刑法规定的，不以犯罪论处；事实不清、证据不足或者依法不追究刑事责任的，应当依法撤销案件、不起诉、终止审理或者宣告无罪。禁止利用行政或者刑事手段违法干预经济纠纷"，则涉及与刑法、刑事诉讼法等法律法规的协调问题。再如，民营经济促进法第6条强调"保障劳动者合法权益"；第8条强调"引导形成尊重劳动、尊重创造、尊重企业家的社会环境"；第36条强调"民营经济组织从事生产经营活动应当遵守劳动用工、安全生产、职业卫生、社会保障、生态环境、质量标准、知识产权、网络和数据安全、财政税收、金融等方面的法律法规""不得通过贿赂和欺诈等手段牟取不正当利益,不得妨害市场和金融秩序、破坏生态环境、损害劳动者合法权益和社会公共利益";第38条强调"依法建立健全以职工代表大会为基本形式的民主管理制度""维护职工合法权益""促进构建和谐劳动关系",则涉及与劳动法、劳动合同法、工会法、社会保险法等法律法规之间的协调问题。

充分认识民营经济促进法与相关法律法规之间的密切关系,不仅有助于加深对民营经济促进法具体条文的理解,还有助于正确适用民营经济促进法,从而更好发挥民营经济促进法的重要作用。

第九讲　公平竞争

公平竞争对民营经济发展至关重要，也是当前影响民营经济发展壮大的关键之所在。着力健全、完善民营经济组织公平参与市场竞争的制度机制，把实践中行之有效的政策和做法确定为法律制度，是民营经济促进法立法的重要任务。为此，民营经济促进法不仅在总则第 1 条明确提出"优化民营经济发展环境，保证各类经济组织公平参与市场竞争"，还在第二章以专门对涉及民营经济公平竞争的相关问题进行了规范。该章共有 6 个条文，分别对市场准入负面清单制度、公平竞争审查制度、平等使用与平等对待等方面的问题进行了具体规定。本讲围绕公平竞争这一核心问题，对民营经济促进法第二章的相关条文进行讲解，并对有关内容进行综合评析。

一、市场准入负面清单制度

市场准入负面清单制度是维护公平竞争的重要制度，对于民营经济意义重大。民营经济促进法第 10 条明确规定："国家实行全国统一的市场准入负面清单制度。市场准入负面清单以外的领域，包括民营经济组织在内的各类经济组织可以依法平等进入。"这既是对以往相关政策的法律确认，也是维护民营经济合法权益的重要举措。为方便读者对该制度进行了解，从以下三个方面向大家进行介绍。

(一) 市场准入的相关政策有哪些

市场准入是市场经济活动的起点，是维护公平竞争的关键环节。通过市场准入负面清单制度明确国家对经营主体进入不同行业、领域、业务的管理模式，是推动有效市场和有为政府更好结合的关键。

2022年10月，党的二十大报告明确提出，"完善产权保护、市场准入、公平竞争、社会信用等市场经济基础制度，优化营商环境"。

2023年7月发布的《中共中央 国务院关于促进民营经济发展壮大的意见》中的第二部分"持续优化民营经济发展环境"第一项明确提出："持续破除市场准入壁垒。各地区各部门不得以备案、注册、年检、认定、认证、指定、要求设立分公司等形式设定或变相设定准入障碍。清理规范行政审批、许可、备案等政务服务事项的前置条件和审批标准，不得将政务服务事项转为中介服务事项，没有法律法规依据不得在政务服务前要求企业自行检测、检验、认证、鉴定、公证或提供证明等。稳步开展市场准入效能评估，建立市场准入壁垒投诉和处理回应机制，完善典型案例归集和通报制度。"

2024年8月，《中共中央办公厅 国务院办公厅关于完善市场准入制度的意见》印发，在准入监管方面提出全新监管理念，首次提出要建立"政府监管、企业自觉、行业自律、社会监督"协同监管格局。

2024年10月，党的二十届三中全会强调，"深入破除市场准入壁垒，推进基础设施竞争性领域向经营主体公平开放，完善民营企业参与国家重大项目建设长效机制""完善市场准入制度，优化新业态新领域市场准入环境"。

2025年4月,《市场准入负面清单（2025年版）》公开发布,为进一步营造稳定可预期经济发展环境,着力扩大国内有效需求,充分激发经营主体活力提供了有力的制度保障。

（二）什么是市场准入负面清单制度

市场准入负面清单制度,是指以清单形式将中国境内禁止和经政府许可才能够投资经营的行业、领域、业务汇总列出,各级政府依法采取相应管理措施的一系列制度安排。市场准入负面清单之外,各类经营主体皆可依法平等进入。建立和实行全国统一的市场准入负面清单制度,是党中央、国务院的重大决策部署。2013年党的十八届三中全会明确提出,"实行统一的市场准入制度,在制定负面清单的基础上,各类市场主体可依法平等进入清单之外领域"。党的十九大报告进一步提出"全面实施市场准入负面清单制度"。

2015年,国务院发布《关于实行市场准入负面清单制度的意见》,正式建立市场准入负面清单制度,明确提出市场准入负面清单包括禁止准入类和限制准入类,对禁止准入事项,市场主体不得进入,行政机关不予审批、核准,不得办理有关手续;对限制准入事项,或由市场主体提出申请,行政机关依法依规作出是否予以准入的决定,或由市场主体依照政府规定的准入条件和准入方式合规进入;对市场准入负面清单以外的行业、领域、业务等,各类市场主体皆可依法平等进入。该制度从2015年12月1日至2017年12月31日,在部分地区试行,从2018年起正式实行全国统一的市场准入负面清单制度。

经党中央、国务院批准,国家发展改革委、商务部于2018年印发首版市场准入负面清单。经过2019年、2020年、2022年、2025

年四次修订。目前最新的市场准入负面清单版本是 2025 年 4 月发布的版本，即《市场准入负面清单（2025 年版）》，清单事项数量由 2018 年版的 151 项、2022 年版的 117 项缩减至 106 项，事项下的全国性具体管理措施由 486 条缩减至 469 条，地方性管理措施由 36 条缩减至 20 条。市场准入限制进一步放宽，市场准入管理更加优化，市场准入制度建设取得新的重要成果。

（三）如何看待民营经济促进法中强调市场准入负面清单制度

市场准入是参与市场竞争的前提和基础，市场准入负面清单制度是实现公平竞争的重要制度。民营经济促进法总则部分第 1 条"优化民营经济发展环境，保证各类经济组织公平参与市场竞争"已经从立法目的的层面强调了公平竞争。在本章，民营经济促进法第 10 条特别强调"市场准入负面清单以外的领域，包括民营经济组织在内的各类经济组织可以依法平等进入"，是针对现实中限制民营经济准入的各种措施进行的明确回应。真正落实市场准入负面清单制度、维护民营经济在市场准入方面的合法权益，尚需要各地有关部门积极配合。

二、公平竞争审查制度

民营经济促进法第 11 条规定："各级人民政府及其有关部门落实公平竞争审查制度，制定涉及经营主体生产经营活动的政策措施应当经过公平竞争审查，并定期评估，及时清理、废除含有妨碍全国统一市场和公平竞争内容的政策措施，保障民营经济组织公平参与市场竞争。市场监督管理部门负责受理对违反公平竞争审查制度政策措施的举报，并依法处理。"这不仅是对公平竞争审查制度的重申，还是对保障民营经济组织公平参与市场竞争的法律确认。长期以来，民营经济组织在市场竞争中处于不利地位，很有必要通过法律明确规定对其进行有效回应。为方便读者对该制度进行了解，从以下三个方面向大家进行介绍。

（一）什么是公平竞争审查制度

公平竞争审查制度是指政府及部门在制定市场准入、产业发展、招商引资、招标投标、政府采购、经营行为规范、资质标准等涉及市场主体经济活动的规范性文件和其他政策措施时，应当进行公平竞争审查，评估对市场竞争的影响，防止排除、限制市场竞争。

公平竞争审查的对象是制定出台政策措施的各级行政机关以及法律、法规授权的具有管理公共事务职能的组织。

公平竞争审查的范围是政策制定机关制定的市场准入和退出、产业发展、招商引资、招标投标、政府采购、经营行为规范、资质标准等涉及市场主体经济活动的规章、规范性文件、其他政策性文件以及"一事一议"形式的具体政策措施。

公平竞争审查的标准。《关于在市场体系建设中建立公平竞争审查制度的意见》（国发〔2016〕34号）从四个方面提出了18条标准，为行政权力划定了18个"不得"，包括市场准入和退出标准5项，商品和要素自由流动标准5项，影响经营生产成本标准4项，影响生产经营行为标准4项。同时，还明确了两项兜底条款，即没有法律法规依据，不得制定减损市场主体合法权益或增加其义务的政策措施；不得违反《反垄断法》制定含有排除限制竞争的政策措施。四个方面18项标准和两项兜底条款，为公平竞争审查提供了基本遵循，也为行政行为列出了"负面清单"。2021年6月29日，市场监管总局等五部门修订公布的《公平竞争审查制度实施细则》进一步细化了审查标准，将 18 项标准细化为 50 余项二级标准。最新规定参见 2024 年 5 月公布的《公平竞争审查条例》和 2025 年 2 月公布的《公平竞争审查条例实施办法》。

当然，适用公平竞争审查还有一些例外规定，此处就不再一一详述。

(二) 公平竞争审查制度的相关法律法规、政策主要有哪些

从政策层面来看，2022 年的党的二十大报告明确提出，"完善产权保护、市场准入、公平竞争、社会信用等市场经济基础制度，优化营商环境"。2023 年 7 月发布的《中共中央 国务院关于促进民营经济发展壮大的意见》第二部分"持续优化民营经济发展环境"中第二项明确提出，"全面落实公平竞争政策制度。强化竞争政策基础地位，健全公平竞争制度框架和政策实施机制，坚持对各类所有制企业一视同仁、平等对待。强化制止滥用行政权力排除限制竞争的反垄断执法。未经公平竞争不得授予经营者特许经营权，不得限定经营、购买、使用特定经营者提供的商品和服务。定期推出市场干预行为负面清单，及时清理废除含有地方保护、市场分割、指定交易等妨碍统一市场和公平竞争的政策。优化完善产业政策实施方式，建立涉企优惠政策目录清单并及时向社会公开"。2024 年党的二十届三中全会强调，"加强公平竞争审查刚性约束，强化反垄断和反不正当竞争，清理和废除妨碍全国统一市场和公平竞争的各种规定和做法"。

从法律法规的层面来看，2016 年《国务院关于在市场体系建设中建立公平竞争审查制度的意见》正式建立了我国的公平竞争审查

制度。2017年，国家发展和改革委员会等部门制定了《公平竞争审查制度实施细则（暂行）》（已失效）。2021年国家市场监管总局等部门发布修订后的《公平竞争审查制度实施细则》。2022年反垄断法将"公平竞争审查制度"正式写入其中，体现在反垄断法第5条"国家建立健全公平竞争审查制度。行政机关和法律、法规授权的具有管理公共事务职能的组织在制定涉及市场主体经济活动的规定时，应当进行公平竞争审查"之规定。2024年5月，国务院第32次常务会议通过了《公平竞争审查条例》，自2024年8月1日起施行。2025年2月28日，国家市场监督管理总局令第99号公布《公平竞争审查条例实施办法》，自2025年4月20日起施行。

（三）如何看待民营经济促进法中强调公平竞争审查制度

由上述介绍可以看出，应当从以下四个方面看待民营经济促进法中对公平竞争审查制度的强调：

第一，公平竞争审查制度是一项较为系统的制度，已经实施多年并经过多次修改完善，在具体操作方面已经比较成熟。

第二，公平竞争审查制度具有相应的法律法规和政策依据，多部法律法规以及党中央、国务院文件中对公平竞争审查制度都有强调，这在一定程度上也充分体现了公平竞争审查制度对于维护公平竞争的重要作用。

第三，民营经济促进法中对公平竞争审查制度的相关规定具有明确的指定目标与导向性。民营经济促进法第11条规定之所以强调"各级人民政府及其有关部门落实公平竞争审查制度"，其目的还是从落实公平竞争审查制度的角度维护民营经济组织在公平竞争方面的合法权益。

第四，大家也应当认识到，民营经济组织的公平竞争合法权益的实现需要一系列相关法律法规共同配合，同时还需要在执法和司法环节加以强化。此处因应了前文关于强化民营经济的法治保障的相关论述，也印证了前文关于民营经济促进法与相关法律法规协调配合的观点。

三、平等使用、平等适用与平等对待

民营经济促进法第10条、第12条、第13条、第14条的关键词是"平等"，强调平等使用、平等适用和平等对待，这里是针对现实中民营经济组织受到不公平对待现象的积极回应。为方便读者们理解，可从以下四个方面进行讲解。

（一）平等进入

民营经济促进法第10条明确规定："国家实行全国统一的市场准入负面清单制度。市场准入负面清单以外的领域，包括民营经济组织在内的各类经济组织可以依法平等进入。"强调了"平等进入"。由于平等进入解决的主要是市场准入问题，而前文对市场准入相关问题已有介绍，此处不再赘述。

（二）平等使用与平等适用

民营经济促进法第12条规定："国家保障民营经济组织依法平等使用资金、技术、人力资源、数据、土地及其他自然资源等各类生产要素和公共服务资源，依法平等适用国家支持发展的政策。"

之所以如此规定，是因为在现实中民营经济组织使用资金、技术等各类生产要素和公共服务资源时经常受到区别对待，在政策适

用方面也经常受到不当限制。民营经济促进法对此专门进行明确规定，也从侧面反映了这一问题的典型性。

（三）平等对待

民营经济促进法第 13 条明确规定："各级人民政府及其有关部门依照法定权限，在制定、实施政府资金安排、土地供应、排污指标、公共数据开放、资质许可、标准制定、项目申报、职称评定、评优评先、人力资源等方面的政策措施时，平等对待民营经济组织。"

第 14 条明确规定："公共资源交易活动应当公开透明、公平公正，依法平等对待包括民营经济组织在内的各类经济组织。除法律另有规定外，招标投标、政府采购等公共资源交易不得有限制或者排斥民营经济组织的行为。"

以上两个条文的核心是平等对待，与平等使用、平等适用强调的侧重点有所不同。平等对待主要是强调各级人民政府及其有关部门的义务。在制定和实施政府资金安排、土地供应、排污指标、公共数据开放、资质许可、标准制定、项目申报、职称评定、评优评先、人力资源等方面的政策措施时，以及公共资源交易活动中，民营经济组织受到不公平对待的问题较为突出，所以民营经济促进法对此专门进行了明确规定。

（四）如何看待民营经济促进法这几条关于"平等"的相关规定

民营经济促进法这几条关于"平等"的相关规定对于促进民营经济健康发展、维护民营经济组织合法权益至关重要。笔者认为，应当从以下三个方面进行理解：

第一，平等使用、平等适用与平等对待，这些词语的核心是"平等"。这些条文的直接目的还是确保实现民营经济组织的公平竞争。

第二，要从民营经济促进法的整体加强对"平等"的理解。平等对待是民营经济促进法的重要原则，贯穿民营经济促进法全部内容。这里的"平等"，和民营经济促进法总则部分中的"平等"以及第三章、第四章中规定的"平等"遥相呼应。"平等"一词在民营经济促进法中总共出现了 10 次，分别是第 3 条出现 2 次，第 10 条出现 1 次，第 12 条出现 2 次，第 13 条、第 14 条、第 24 条、第 25 条、第 28 条各出现 1 次。尤其是民营经济促进法总则部分的第 3 条第 3 款，从宏观上强调"国家坚持平等对待、公平竞争、同等保护、共同发展的原则，促进民营经济发展壮大。民营经济组织与其他各类经济组织享有平等的法律地位、市场机会和发展权利"，具有提纲挈领的作用。此外，民营经济促进法总则部分第 1 条"优化民营经济发展环境，保证各类经济组织公平参与市场竞争"的表述实际上也在强调平等。

第三，回到本章的相关规定来看，本章的"平等进入、平等使用、平等适用、平等对待"都有特定的指向对象，是针对当前民营经济发展中的突出问题进行的回应，充分体现了立法的问题导向思路。同时，也因应了前文关于立法总体思路等方面的相关表述。

四、反垄断和反不正当竞争执法机构的职责

反垄断和反不正当竞争执法机构积极主动作为与规范执法至关重要。完善的公平竞争制度固然重要，但制度的落实也同样十分重要。

为确保以上公平竞争的各项措施真正落实，民营经济促进法还专门强调了反垄断和反不正当竞争执法机构的职责，这体现在第 15

条的规定:"反垄断和反不正当竞争执法机构按照职责权限,预防和制止市场经济活动中的垄断、不正当竞争行为,对滥用行政权力排除、限制竞争的行为依法处理,为民营经济组织提供良好的市场环境。"同时,也因应了前文关于民营经济的法治保障的相关分析。

五、本讲小结

公平竞争对民营经济发展至关重要,本次立法专章对涉及民营经济公平竞争的主要问题进行了系统规范。学习本部分内容,除了需要对本章具体法律条文基本含义有清晰认识之外,还要充分结合党中央、国务院有关政策以及反垄断法、反不正当竞争法及《公平竞争审查条例》等相关法律法规,把握民营经济组织及其经营者的公平竞争问题。

第十讲　投资融资促进

资金是影响民营经济生存发展的核心要素，投资融资对促进民营经济发展壮大具有十分重要的意义。民营经济"融资难、融资贵"是当前实践中的痛点、难点问题。进一步优化民营经济投资融资环境必须从法律层面进行明确规定。为此，民营经济促进法第三章专门对涉及民营经济投资融资的相关问题进行了规范。该章共有11个条文，分别从投资促进、融资促进进行了具体规定。学习民营经济促进法，需要对民营经济的投资融资促进相关问题有所了解。本讲围绕民营经济的投资融资促进这一核心问题，对民营经济促进法第三章的相关条文进行讲解。

一、投资促进

投资是促进民营经济发展壮大的重要手段。由于多种主客观原因的存在，民营经济在国家重大战略和重大工程投资中的比例较小，既不利于民营经济的进一步发展壮大，也不利于国民经济的长远发展。为此，民营经济促进法在投资促进方面作出了明确规定。关于对民营经济的投资促进，以下几个方面需要重点关注。

（一）明确提出"支持民营经济组织参与国家重大战略和重大工程"

民营经济促进法第 16 条明确规定："支持民营经济组织参与国家重大战略和重大工程。支持民营经济组织在战略性新兴产业、未来产业等领域投资和创业，鼓励开展传统产业技术改造和转型升级，参与现代化基础设施投资建设。"与此同时，该条还特别强调"支持民营经济组织在战略性新兴产业、未来产业等领域投资和创业"，高度重视民营经济组织在发展新质生产力中的重要作用。上述规定也可以被认为是"支持民营经济组织参与国家重大战略和重大工程"的主要领域和关键抓手。

虽然在法律条文中明确规定了要支持民营经济组织参与国家重大战略和重大工程，但具体落实却并不容易。在实践中，国家重大战略和重大工程的具体情况也存在较大的差异性，如何通过各项具体措施确保"支持民营经济组织参与国家重大战略和重大工程"这一原则性规定落到实处，尚需要多个部门积极配合，也需要有更加详细的具体规定。

需要注意的是，民营经济促进法中规定支持民营经济组织参与国家重大战略和重大工程，是对已有政策的法律确认，理解这一规定，需要结合 2023 年发布的《中共中央 国务院关于促进民营经济发展壮大的意见》中的相关内容。在该意见的第五部分"着力推动民营经济实现高质量发展"中，有专门的一段对"支持参与国家重大战略"作出了更为详细的规定，也更具有可操作性。具体内容如下：一是鼓励民营企业自主自愿通过扩大吸纳就业、完善工资分配制度等，提升员工享受企业发展成果的水平。二是支持民营企业到中西部和东北地区投资发展劳动密集型制造业、装备制造业和生态产业，促进革命老区、民族地区加快发展，投入边疆地区建设推进兴边富民。三是支持民营企业参与推进碳达峰碳中和，提供减碳技术和服务，加大可再生能源发电和储能等领域投资力度，参与碳排放权、用能权交易。四是支持民营企业参与乡村振兴，推动新型农业经营主体和社会化服务组织发展现代种养业，高质量发展现代农产品加工业，因地制宜发展现代农业服务业，壮大休闲农业、乡村旅游业等特色产业，积极投身"万企兴万村"行动。五是支持民营企业参与全面加强基础设施建设，引导民营资本参与新型城镇化、交通水利等重大工程和补短板领域建设。

(二) 明确国务院有关部门在投资促进中的职责

民营经济促进法第17条进一步规定："国务院有关部门根据国家重大发展战略、发展规划、产业政策等，统筹研究制定促进民营经济投资政策措施，发布鼓励民营经济投资重大项目信息，引导民营经济投资重点领域。民营经济组织投资建设符合国家战略方向的固定资产投资项目，依法享受国家支持政策。"这一条主要是从制定政策措施等方面对国务院有关部门提出要求，也是为了保证第16条真正落到实处。

(三) 支持民营经济组织通过多种方式盘活存量资产，提高再投资能力，提升资产质量和效益

民营经济促进法第18条第1款强调，"支持民营经济组织通过多种方式盘活存量资产，提高再投资能力，提升资产质量和效益"，明确提出了促进民营经济投资的具体路径。

为确保该条措施真正发挥作用，民营经济促进法第18条第2款进一步规定："各级人民政府及其有关部门支持民营经济组织参与政府和社会资本合作项目。政府和社会资本合作项目应当合理设置双方权利义务，明确投资收益获得方式、风险分担机制、纠纷解决方式等事项。"第19条规定："各级人民政府及其有关部门在项目推介对接、前期工作和报建审批事项办理、要素获取和政府投资支持等方面，为民营经济组织投资提供规范高效便利的服务。"

需要注意的是，2023年发布的《中共中央 国务院关于促进民营经济发展壮大的意见》中已有"鼓励民营企业盘活存量资产回收资金"的相关规定，此次民营经济促进法提出"持民营经济组织通过多种方式盘活存量资产"既是对已有政策的法律确认，也是对这一政策的进一步深化。

（四）具体措施的落实

毫无疑问，民营经济促进法对民营经济组织的投资促进方面既有新突破，也有具体措施，但在真正落实方面还需要多方主体的密切配合。

二、融资促进

本次立法关于对民营经济的融资促进的主要规定，有以下几个方面需要重点关注。

一是明确规定金融服务差异化政策。民营经济促进法第20条规定："国务院有关部门依据职责发挥货币政策工具和宏观信贷政策的激励约束作用，按照市场化、法治化原则，对金融机构向小型微型民营经济组织提供金融服务实施差异化政策，督促引导金融机构合理设置不良贷款容忍度、建立健全尽职免责机制、提升专业服务能力，提高为民营经济组织提供金融服务的水平。"这里面有四层含义：一是强调国务院有关部门依据职责发挥货币政策工具和宏观信贷政策的激励约束作用，突出了对国务院有关部门在金融宏观调控方面作用的高度重视。二是强调按照市场化、法治化原则对小型微型民营经济组织提供金融服务实施差异化政策。需要注意的是，实施差异化政策是基于现实的需要，但仍然要按照市场化、法治化原则进行，不能违背市场经济规律，更不能越过法律红线。三是督促引导金融机构合理设置不良贷款容忍度、建立健全尽职免责机制、提升专业服务能力。这里的督促引导的主体是国家有关部门，督促引导的力度需要把握好。四是提高为民营经济组织提供金融服务的水平。金融业属于服务业，提高金融服务水平是融资促进的关键之所在。

二是对银行业金融机构的贷款业务担保服务提出明确要求。民营经济促进法第21条规定："银行业金融机构等依据法律法规，接受符合贷款业务需要的担保方式，并为民营经济组织提供应收账款、仓单、股权、知识产权等权利质押贷款。各级人民政府及其有关部门应当为动产和权利质押登记、估值、交易流通、信息共享等提供支持和便利。"

三是明确民营经济组织融资风险的市场化分担机制。民营经济促进法第22条规定："国家推动构建完善民营经济组织融资风险的市场化分担机制，支持银行业金融机构与融资担保机构有序扩大业务合作，共同服务民营经济组织。"

四是规定金融机构开发和提供适合民营经济特点的金融产品和服务。民营经济促进法第23条规定："金融机构在依法合规前提下，按照市场化、可持续发展原则开发和提供适合民营经济特点的金融产品和服务，为资信良好的民营经济组织融资提供便利条件，增强信贷供给、贷款周期与民营经济组织融资需求、资金使用周期的适配性，提升金融服务可获得性和便利度。"这相当于为民营经济量身定做金融产品和服务。

五是强调金融机构对民营经济组织的平等对待。民营经济促进法第24条规定："金融机构在授信、信贷管理、风控管理、服务收费等方面应当平等对待民营经济组织。金融机构违反与民营经济组织借款人的约定，单方面增加发放贷款条件、中止发放贷款或者提前收回贷款的，依法承担违约责任。"

六是支持直接融资。民营经济促进法第25条规定："健全多层次资本市场体系，支持符合条件的民营经济组织通过发行股票、债券等方式平等获得直接融资。"

七是强化对民营经济的征信服务。民营经济促进法第26条规定："建立健全信用信息归集共享机制，支持征信机构为民营经济组织融资提供征信服务，支持信用评级机构优化民营经济组织的评级方法，增加信用评级有效供给，为民营经济组织获得融资提供便利。"

三、其他相关政策和法律规范中涉及促进投资融资的内容

(一) 党的二十届三中全会报告中的相关论述

党的二十届三中全会报告中明确提出，"支持有能力的民营企业牵头承担国家重大技术攻关任务，向民营企业进一步开放国家重大科研基础设施。完善民营企业融资支持政策制度，破解融资难、融资贵问题"。

(二)《中共中央 国务院关于促进民营经济发展壮大的意见》的相关论述

需要注意的是,上述相关条文的一些内容,2023年发布的《中共中央 国务院关于促进民营经济发展壮大的意见》中已有规定。该文件中有专门一段"完善融资支持政策制度"的相关表述,具体内容包括:一是健全银行、保险、担保、券商等多方共同参与的融资风险市场化分担机制。二是健全中小微企业和个体工商户信用评级和评价体系,加强涉企信用信息归集,推广"信易贷"等服务模式。三是支持符合条件的民营中小微企业在债券市场融资,鼓励符合条件的民营企业发行科技创新公司债券,推动民营企业债券融资专项支持计划扩大覆盖面、提升增信力度。四是支持符合条件的民营企业上市融资和再融资。

从相关表述可以看出,融资风险市场化分担机制、直接融资、征信服务在之前的政策中已有明确规定,本次立法既是对已有政策的法律确认,也有明显的创新,如规定"金融机构开发和提供适合民营经济特点的金融产品和服务"。

(三)中国人民银行法、商业银行法、银行业监督管理法等法律法规

关于民营经济的融资问题,还会涉及中国人民银行法、商业银行法、银行业监督管理法等法律法规的相关内容,此处不再一一列举。

(四)中国人民银行等部门出台的政策

2023年11月,中国人民银行、金融监管总局、中国证监会、

国家外汇局、国家发展改革委、工业和信息化部、财政部、全国工商联等八部门联合印发《关于强化金融支持举措 助力民营经济发展壮大的通知》从以下七个方面加强民营经济金融服务。

一是持续加大信贷资源投入，助力民营经济发展壮大。具体内容包括：明确金融服务民营企业的目标和重点；加大首贷、信用贷支持力度；积极开展产业链供应链金融服务；主动做好资金接续服务；切实抓好促发展和防风险。

二是深化债券市场体系建设，畅通民营企业债券融资渠道。具体内容包括：扩大民营企业债券融资规模；充分发挥民营企业债券融资支持作用；加大对民营企业债券投资力度；探索发展高收益债券市场。

三是更好发挥多层次资本市场作用，扩大优质民营企业股权融资规模。具体内容包括：支持民营企业上市融资和并购重组；强化区域性股权市场对民营企业的支持服务；发挥股权投资基金支持民营企业融资的作用。

四是加大外汇便利化政策和服务供给，支持民营企业"走出去""引进来"。具体内容包括：提升经常项目收支便利化水平；完善跨境投融资便利化政策；优化跨境金融外汇特色服务。

五是强化正向激励，提升金融机构服务民营经济的积极性。具体内容包括：加大货币政策工具支持力度；强化财政奖补和保险保障；拓宽银行业金融机构资金来源渠道。

六是优化融资配套政策，增强民营经济金融承载力。具体内容包括：完善信用激励约束机制；健全风险分担和补偿机制；完善票据市场信用约束机制；强化应收账款确权；加大税收政策支持力度。

七是强化组织实施保障。具体内容包括：加强宣传解读；强化工作落实。

(五) 地方性相关规定

理解民营经济促进法的相关问题，还需要充分结合地方相关规定。

目前，浙江省、山东省、山西省、陕西省、黑龙江省、广州市、昆明市等地都已经出台民营经济发展条例等相关规定，其中涉及民营经济组织的投资融资问题。例如，2020年1月通过的《浙江省民营企业发展促进条例》规定金融机构在贷款利率、贷款条件、工作人员尽职免责方面不得对民营企业设置不平等标准和条件，强调银行业金融机构对不同所有制市场主体的贷款利率、贷款条件应当保持一致。2021年7月通过的《山东省民营经济发展促进条例》在第四章专门规定了"融资促进"，2023年12月通过的《黑龙江省民营经济发展促进条例》第三章规定了"投资促进与市场主体培育"、第五章规定了"金融支持"。

2025年4月17日，上海市政府新闻办举行市政府新闻发布会，发布并介绍上海金融助力民营经济高质量发展行动计划。该计划分别从持续优化民营经济发展环境、加快完善民营企业投融资支持政策、着力解决拖欠民营企业账款问题、依法保护民营企业和民营企业家合法权益、大力支持民营企业创新开放发展、切实加强民营经济发展服务保障六个方面提出了26条措施，其中"加快完善民营企业投融资支持政策"的措施包括：支持民营企业扩大有效投资；支持民营企业参与"两重""两新"；加大金融机构信贷投放力度；拓宽民营企业融资渠道。上海的这一行动计划发布在民营经济促进法出台之前,而且聚焦于金融领域,充分体现了金融对民营经济发展的重要性。

需要注意的是,上述地方性相关规定均发布于民营经济促进法正式出台之前,其中被实践证明行之有效的经验都被吸收到了民营经济促进法的具体条文之中,充分体现了地方立法实践探索对民营经济促进法立法的重要意义。

四、本讲小结

投资融资直接影响到民营经济的发展壮大。在实践中,民营经济的投资领域受到诸多限制,民营经济"融资难、融资贵"的现象长期存在,在一定程度上制约了民营经济的发展壮大。为此,民营经济促进法以专章的形式对投资融资促进相关问题进行了明确规定。这些规定主要是对实践经验和已有政策的法律确认,但在具体落实过程中尚需要更为详细的配套措施。

第十一讲 科技创新

近年来，民营经济在人工智能、大模型、机器人等领域持续突破，充分体现了民营经济在科技创新领域的巨大潜力。科技创新是民营企业加快发展新质生产力的核心驱动力，对促进民营经济发展壮大具有十分重要的意义。为此，民营经济促进法设专章对促进民营经济科技创新进行了规定，共有7个条文。学习民营经济促进法，需要对民营经济科技创新相关规定有充分认识。尤其是对于科技型民营经济组织而言，更需要特别注意。本讲主要围绕民营经济科技创新，对民营经济促进法的相关规定进行讲述，并结合其他相关政策对其进行分析。

一、本次立法关于科技创新的主要规定

民营经济促进法第四章专章对科技创新问题进行了规定，该章共有7个条文，主要对以下几个问题进行了规定。

（一）国家鼓励、支持民营经济组织科技创新

民营经济促进法第27条第1款规定："国家鼓励、支持民营经济组织在推动科技创新、培育新质生产力、建设现代化产业体系中积极发挥作用。引导民营经济组织根据国家战略需要、行业

发展趋势和世界科技前沿,加强基础性、前沿性研究,开发关键核心技术、共性基础技术和前沿交叉技术,推动科技创新和产业创新融合发展,催生新产业、新模式、新动能。"这里有几点需要注意:

第一,需要对新质生产力这一概念有所了解。新质生产力是相对于传统生产力而言的,人类社会的不同历史阶段,生产力发展所依赖的技术支撑和工具各不相同。新质生产力是以科技创新为内核,深度融合数字化、智能化、绿色化等前沿生产要素的全新生产力质态。它由技术革命性突破、生产要素创新性配置、产业深度转型升级而催生,以劳动者、劳动资料、劳动对象及其优化组合的跃升为基本内涵,以全要素生产率大幅提升为核心标志,通常表现为更高的效率、更好的质量、更强的创新能力和更符合高质量发展要求的生产方式。发展新质生产力必然需要科技创新。

第二,要充分认识到民营经济组织在推动科技创新、培育新质生产力、建设现代化产业体系中的重要作用。自2025年以来,杭州"六小龙"火热出圈[①],充分体现了民营经济组织在人工智能、大模型、机器人等领域的科技创新能力。正因如此,本次立法明确提出"国家鼓励、支持民营经济组织在推动科技创新、培育新质生产力、建设现代化产业体系中积极发挥作用"。

第三,科技创新需要聚焦重点领域和关键问题,需要考虑国家战略需要、行业发展趋势和世界科技前沿。所以本次立法提出"引

[①] 杭州宇树科技股份有限公司、浙江强脑科技有限公司、深度求索人工智能基础技术研究有限公司、云深处科技有限公司、群核信息技术有限公司和开发《黑神话:悟空》的"游戏科学"被外界称为"杭州六小龙"。参见《"杭州六小龙"两企业创始人加入香港特首顾问团》,载中新网,https://www.chinanews.com.cn/dwq/2025/06-27/10439452.shtml,最后访问时间:2025年6月1日。

导民营经济组织根据国家战略需要、行业发展趋势和世界科技前沿，加强基础性、前沿性研究，开发关键核心技术、共性基础技术和前沿交叉技术，推动科技创新和产业创新融合发展，催生新产业、新模式、新动能"。

此外，民营经济组织进行科技创新需要相应的资金支持，所以民营经济促进法第27条第2款又进行了如下规定："引导非营利性基金依法资助民营经济组织开展基础研究、前沿技术研究和社会公益性技术研究。"

（二）支持民营经济组织参与国家科技攻关项目

民营经济促进法第28条规定："支持民营经济组织参与国家科技攻关项目，支持有能力的民营经济组织牵头承担国家重大技术攻关任务，向民营经济组织开放国家重大科研基础设施，支持公共研究开发平台、共性技术平台开放共享，为民营经济组织技术创新平等提供服务，鼓励各类企业和高等学校、科研院所、职业学校与民营经济组织创新合作机制，开展技术交流和成果转移转化，推动产学研深度融合"。这里有几点需要注意：

第一，不仅支持民营经济组织"参与"国家科技攻关项目，还支持有能力的民营经济组织"牵头"承担国家重大技术攻关任务。

第二，强调科研资源共享，明确提出"向民营经济组织开放国家重大科研基础设施，支持公共研究开发平台、共性技术平台开放共享，为民营经济组织技术创新平等提供服务"。

第三，鼓励校企合作，"鼓励各类企业和高等学校、科研院所、职业学校与民营经济组织创新合作机制，开展技术交流和成果转移转化，推动产学研深度融合"。

（三）支持民营经济组织依法参与数字化、智能化共性技术研发和数据要素市场建设

民营经济促进法第 29 条规定："支持民营经济组织依法参与数字化、智能化共性技术研发和数据要素市场建设，依法合理使用数据，对开放的公共数据资源依法进行开发利用，增强数据要素共享性、普惠性、安全性，充分发挥数据赋能作用。"

数字化、智能化是未来发展的重要方向，本条以立法形式确认了对民营经济组织依法参与数字化、智能化共性技术开发和数据要素市场建设的支持。

（四）国家保障民营经济组织依法参与标准制定工作

民营经济促进法第 30 条第 1 款规定："国家保障民营经济组织依法参与标准制定工作，强化标准制定的信息公开和社会监督。"标准制定工作直接关系到民营经济组织的切身利益，此条款确认了对民营经济组织依法参与标准制定工作的保障，并在信息公开和社会监督方面提出了明确要求。

此外，民营经济促进法第 30 条第 2 款规定："国家为民营经济组织提供科研基础设施、技术验证、标准规范、质量认证、检验检测、知识产权、示范应用等方面的服务和便利。"本款强调了国家提供相关服务和便利的义务。

（五）支持民营经济组织加强新技术应用

民营经济促进法第 31 条第 1 款规定："支持民营经济组织加强新技术应用，开展新技术、新产品、新服务、新模式应用试验，发

挥技术市场、中介服务机构作用,通过多种方式推动科技成果应用推广。"科技成果应用不仅能够直接带来经济效益,还有利于技术研发的进一步发展。党的二十届三中全会明确提出"全链条推进技术攻关、成果应用"。本条款明确支持民营经济组织加强新技术应用。

此外,民营经济促进法第 31 条第 2 款规定:"鼓励民营经济组织在投资过程中基于商业规则自愿开展技术合作。技术合作的条件由投资各方遵循公平原则协商确定。"明确鼓励技术合作。

(六)鼓励民营经济组织积极培养使用知识型、技能型、创新型人才

民营经济促进法第 32 条规定:"鼓励民营经济组织积极培养使用知识型、技能型、创新型人才,在关键岗位、关键工序培养使用高技能人才,推动产业工人队伍建设。"

科研人才是科技创新的关键要素,本条鼓励民营经济组织积极培养使用科技人才,强调在培养使用中推动人才队伍建设。

(七)加大创新成果知识产权保护力度

民营经济促进法第 33 条第 1 款规定:"国家加强对民营经济组织及其经营者原始创新的保护。加大创新成果知识产权保护力度,实施知识产权侵权惩罚性赔偿制度,依法查处侵犯商标专用权、专利权、著作权和侵犯商业秘密、仿冒混淆等违法行为。"科研创新成果知识产权保护对于科技创新具有十分重要的促进作用。本条强调对创新成果的知识权利保护,强化知识产权保护法律机制。

民营经济促进法第 33 条第 2 款规定:"加强知识产权保护的区

域、部门协作,为民营经济组织提供知识产权快速协同保护、多元纠纷解决、维权援助以及海外知识产权纠纷应对指导和风险预警等服务。"强调区域、部门协作以及提供相关服务。

需要注意的是,理解本条需要结合本法第七章"权益保护"和第八章"法律责任"的相关内容。

二、其他相关政策和法律规范中涉及促进科技创新的内容

科教兴国战略是我国必须长期坚持的重大发展战略,多个中央层面文件中都对科教兴国战略进行了重点强调。此处仅对党的二十大报告和党的二十届三中全会报告中的相关表述进行梳理。

(一)党的二十大报告中的相关论述

党的二十大报告明确提出"实施科教兴国战略""教育、科技、人才是全面建设社会主义现代化国家的基础性、战略性支撑",强调"必须坚持科技是第一生产力、人才是第一资源、创新是第一动力,深入实施科教兴国战略、人才强国战略、创新驱动发展战略,开辟发展新领域新赛道,不断塑造发展新动能新优势",高度重视科技创新等方面的问题。其中,关于科技创新的相关规定,集中表述体现在完善科技创新体系、加快实施创新驱动发展战略两个部分。

关于完善科技创新体系,具体内容主要有:一是坚持创新在我国现代化建设全局中的核心地位。二是完善党中央对科技工作统一领导的体制,健全新型举国体制,强化国家战略科技力量,优化配置创新资源,优化国家科研机构、高水平研究型大学、科技领军企业定位和布局,形成国家实验室体系,统筹推进国际科技创新中心、区域科技创新中心建设,加强科技基础能力建设,强化科技战略咨询,提升国家创新体系整体效能。三是深化科技体制改革,深化科技评价改革,加大多元化科技投入,加强知识产权法治保障,形成支持全面创新的基础制度。培育创新文化,弘扬科学家精神,涵养优良学风,营造创新氛围。四是扩大国际科技交流合作,加强国际化科研环境建设,形成具有全球竞争力的开放创新生态。

关于加快实施创新驱动发展战略,具体内容主要有:一是坚持面向世界科技前沿、面向经济主战场、面向国家重大需求、面向人民生命健康,加快实现高水平科技自立自强。二是以国家战略需求为导向,集聚力量进行原创性、引领性科技攻关,坚决打赢关键核心技术攻坚战。三是加快实施一批具有战略性、全局性、前瞻性的国家重大科技项目,增强自主创新能力。四是加强基础研究,突出原创,鼓励自由探索。五是提升科技投入效能,深化财政科技经费分配使用机制改革,激发创新活力。六是加强企业主导的产学研深度融合,强化目标导向,提高科技成果转化和产业化水平。七是强化企业科技创新主体地位,发挥科技型骨干企业引领支撑作用,营造有利于科技型中小微企业成长的良好环境,推动创新链、产业链、资金链、人才链深度融合。

此外,在乡村振兴、人才强国、国家安全、国防建设等方面也涉及科技创新的相关规定。

(二) 党的二十届三中全会报告中的相关论述

党的二十届三中全会报告主要是从深化科技体制改革的角度对科技创新进行了规定。主要内容包括:一是坚持面向世界科技前沿、面向经济主战场、面向国家重大需求、面向人民生命健康,优化重大科技创新组织机制，统筹强化关键核心技术攻关，推动科技创新力量、要素配置、人才队伍体系化、建制化、协同化。二是加强国家战略科技力量建设，完善国家实验室体系，优化国家科研机构、高水平研究型大学、科技领军企业定位和布局，推进科技创新央地协同，统筹各类科创平台建设，鼓励和规范发展新型研发机构，发挥我国超大规模市场引领作用，加强创新资源统筹和力量组织，推动科技创新和产业创新融合发展。三是构建科技安全风险监测预警和应对体系，加强科技基础条件自主保障。健全科技社团管理制度。四是扩大国际科技交流合作，鼓励在华设立国际科技组织，优化高校、科研院所、科技社团对外专业交流合作管理机制。

此外，党的二十届三中全会报告还强调要完善高校科技创新机制、强化企业科技创新主体地位、构建同科技创新相适应的科技金融体制、继续实施共建"一带一路"科技创新行动计划。

（三）《中共中央 国务院关于促进民营经济发展壮大的意见》的相关规定

2023年7月发布的《中共中央 国务院关于促进民营经济发展壮大的意见》中对于促进民营经济科技创新的相关政策主要集中在三个部分：

在意见第三部分"加大对民营经济政策支持力度"的"完善融资支持政策制度"的表述中，明确提出"鼓励符合条件的民营企业发行科技创新公司债券"。

在意见第五部分"着力推动民营经济实现高质量发展"，专门提出"支持提升科技创新能力"。具体措施包括：一是鼓励民营企业根据国家战略需要和行业发展趋势，持续加大研发投入，开展关键核心技术攻关，按规定积极承担国家重大科技项目。二是培育一批关键行业民营科技领军企业、专精特新中小企业和创新能力强的中小企业特色产业集群。三是加大政府采购创新产品力度，发挥首台（套）保险补偿机制作用，支持民营企业创新产品迭代应用。四是推动不同所有制企业、大中小企业融通创新，开展共性技术联合攻关。五是完善高等学校、科研院所管理制度和成果转化机制，调动其支持民营中小微企业创新发展积极性，支持民营企业与科研机构合作建立技术研发中心、产业研究院、中试熟化基地、工程研究中心、制造业创新中心等创新平台。六是支持民营企业加强基础性前沿性研究和成果转化。

在意见第五部分"着力推动民营经济实现高质量发展"，专门提出"加快推动数字化转型和技术改造"。具体措施包括：一是鼓励民营企业开展数字化共性技术研发，参与数据中心、工业互联网等新型基础设施投资建设和应用创新。二是支持中小企业数字化转型，推动低成本、模块化智能制造设备和系统的推广应用。三是引导民营企业积极推进标准化建设，提升产品质量水平。四是支持民营企业加大生产工艺、设备、技术的绿色低碳改造力度，加快发展柔性制造，提升应急扩产转产能力，提升产业链韧性。

此外，意见还明确提出"鼓励提高国际竞争力""培育尊重民营经济创新创业的舆论环境"，并有对应的具体措施，对促进民营经济科技创新也有积极作用。

（四）专利法等法律法规

关于民营经济的科技创新问题，还会涉及专利法等法律法规的相关规定，此处不再一一列举。

三、本讲小结

科技创新直接关系到国家的前途命运，国家高度重视科技创新，把实施科教兴国战略作为一项重大国家战略任务予以明确规定。实践证明，民营经济在科技创新中发挥着十分重要的作用。充分发挥民营经济在科技创新中的重要作用，不仅有助于促进民营经济发展壮大，还能起到促进新质生产力发展、推动现代化产业体系建设的积极功效。因此，民营经济促进法中专章对促进民营经济科技创新进行明确规定。需要注意的是，理解本章内容不能仅局限于本章条文，还需要充分结合本法中其他章节条款、相关法律法规中的相关规定、党中央、国务院文件中的相关规定。

第十二讲　规范经营

规范经营是民营经济健康发展的重要保障，促进民营经济发展必然要求加强规范经营。为此，民营经济促进法专章对规范经营相关问题进行规定，共有 10 个条文。学习民营经济促进法，需要加强法治意识，从促进民营经济健康发展的角度深入理解规范经营的相关规定。本讲主要围绕规范经营问题，对民营经济促进法中的相关规定进行讲述，并结合其他相关政策对该章条文进行综合分析。

一、本次立法关于规范经营的主要规定

民营经济促进法第六章专章对规范经营进行了规定，该章共有个 10 条文，主要对以下几个问题进行了规定。

（一）党的活动与党组织作用

民营经济促进法第 34 条规定："民营经济组织中的中国共产党的组织和党员，按照中国共产党章程和有关党内法规开展党的活动，在促进民营经济组织健康发展中发挥党组织的政治引领作用和党员先锋模范作用。"

党的领导是中国特色社会主义最本质的特征，是社会主义法治最根本的保证。坚持党的全面领导是中国共产党领导中国人民百年

奋斗历史经验的总结，也是应对现实问题的必然要求。本条对民营经济组织中党的活动以及党组织、党员应当发挥的重要作用进行了明确规定，充分体现了坚持党的领导这一基本原则。学习本条规定，需要结合本法第2条第1款"促进民营经济发展工作坚持中国共产党的领导，坚持以人民为中心，坚持中国特色社会主义制度，确保民营经济发展的正确政治方向"以及第5条第1款"民营经济组织及其经营者应当拥护中国共产党的领导，坚持中国特色社会主义制度，积极投身社会主义现代化强国建设"。

(二) 围绕国家工作大局积极发挥作用

民营经济促进法第35条规定："民营经济组织应当围绕国家工作大局，在发展经济、扩大就业、改善民生、科技创新等方面积极发挥作用，为满足人民日益增长的美好生活需要贡献力量。"

民营经济是社会主义市场经济的重要组成部分，是推进中国式现代化的生力军，是高质量发展的重要基础，是推动我国全面建成社会主义现代化强国、实现中华民族伟大复兴的重要力量。本条强调民营经济组织应当充分发挥作用，有两层含义：一是强调应当围绕国家工作大局，要有大局观念；二是强调民营经济组织发挥作用的主要领域，包括发展经济、扩大就业、改善民生、科技创新等方面。理解本条内容需要结合本书前面对民营经济促进法底层逻辑的分析，也需要结合本法第3条等相关条文的具体内容。

(三) 合法合规经营

民营经济促进法第36条规定："民营经济组织从事生产经营活动应当遵守劳动用工、安全生产、职业卫生、社会保障、生态环境、质量标准、知识产权、网络和数据安全、财政税收、金融等方面的法律法规；不得通过贿赂和欺诈等手段牟取不正当利益，不得妨害市场和金融秩序、破坏生态环境、损害劳动者合法权益和社会公共利益。国家机关依法对民营经济组织生产经营活动实施监督管理。"

本条主要规定了民营经济组织在生产经营活动中应当遵守相关法律法规规定的义务，主要体现在劳动用工、安全生产、职业卫生、社会保障、生态环境、质量标准、知识产权、网络和数据安全、财政税收、金融等方面。同时，明确规定了国家机关的监督管理权。学习本条内容，可以充分感受到民营经济促进法与劳动法、社会保障法、财税法、金融法、生态环境法、知识产权法等领域相关法律法规之间的密切联系。

（四）规范民营资本

民营经济促进法第 37 条规定："支持民营资本服务经济社会发展，完善资本行为制度规则，依法规范和引导民营资本健康发展，维护社会主义市场经济秩序和社会公共利益。支持民营经济组织加强风险防范管理，鼓励民营经济组织做优主业、做强实业，提升核心竞争力。"

本条主要是对民营资本规范经营进行了规定。主要有两层含义：一是支持民营资本发展；二是依法规范和引导民营资本健康发展，以更好发挥民营资本的积极作用。同时，还对民营经济组织的风险防范管理作出明确规定。

（五）规范民营经济组织治理

民营经济促进法第 38 条第 1 款规定："民营经济组织应当完善

治理结构和管理制度、规范经营者行为、强化内部监督,实现规范治理;依法建立健全以职工代表大会为基本形式的民主管理制度。鼓励有条件的民营经济组织建立完善中国特色现代企业制度。"

本条款主要对民营经济组织的治理、管理进行规范。主要有三层含义:一是明确规定民营经济组织应当从完善治理结构和管理制度、规范经营者行为、强化内部监督等方面着手,实现规范治理;二是对民主管理制度进行规定;三是对中国特色现代企业制度提出要求。

民营经济促进法第 38 条第 2 款规定:"民营经济组织中的工会等群团组织依照法律和章程开展活动,加强职工思想政治引领,维护职工合法权益,发挥在企业民主管理中的作用,推动完善企业工资集体协商制度,促进构建和谐劳动关系。"

本条款主要是对工会等群团组织依法开展活动进行了规定,促进构建和谐劳动关系。理解本条款需要结合劳动法、劳动合同法、公司法、工会法等法律法规相关内容。

民营经济促进法第 38 条第 3 款规定:"民营经济组织的组织形式、组织机构及其活动准则,适用《中华人民共和国公司法》、《中华人民共和国合伙企业法》、《中华人民共和国个人独资企业法》等法律的规定"。

本条款对民营经济组织的组织、活动适用法律问题进行了明确规定,充分体现了民营经济促进法与公司法、合伙企业法、个人独资企业法之间的密切关系。

由上述分析可以看出,民营经济组织的规范治理涉及多部法律法规,在适用时需要充分结合公司法等相关法律规范的规定。

(六) 防范和治理腐败

民营经济促进法第 39 条规定:"国家推动构建民营经济组织源

头防范和治理腐败的体制机制，支持引导民营经济组织建立健全内部审计制度，加强廉洁风险防控，推动民营经济组织提升依法合规经营管理水平，及时预防、发现、治理经营中违法违规等问题。民营经济组织应当加强对工作人员的法治教育，营造诚信廉洁、守法合规的文化氛围。"

本条主要是对防范治理民营经济组织腐败问题进行规范。主要有两层含义：一是构建体制机制，加强防控；二是加强法治教育，营造氛围。需要注意的是，防范和治理腐败涉及多部法律法规，需要从多个方面着手，本条款主要从体制机制和法治教育角度进行规范。理解本条内容，还需要充分结合刑法等法律法规的具体内容。

（七）加强财务管理

民营经济促进法第 40 条规定："民营经济组织应当依照法律、行政法规和国家统一的会计制度，加强财务管理，规范会计核算，防止财务造假，并区分民营经济组织生产经营收支与民营经济组织经营者个人收支，实现民营经济组织财产与民营经济组织经营者个人财产分离。"

会计制度财务管理是规范管理的重要内容，本条主要是从财务管理方面加强民营经济组织的规范经营。

（八）促进员工共享发展成果

民营经济促进法第 41 条规定："支持民营经济组织通过加强技能培训、扩大吸纳就业、完善工资分配制度等，促进员工共享发展成果。"

本条主要规定了民营经济组织在技能培训、吸纳就业、工资分配等方面的制度建设，目的是促进员工共享发展成果，充分体现了对经济与社会效益的双重关注。

（九）社会责任

民营经济促进法第 42 条规定："探索建立民营经济组织的社会责任评价体系和激励机制，鼓励、引导民营经济组织积极履行社会责任，自愿参与公益慈善事业、应急救灾等活动。"

本条主要是对民营经济组织的社会责任进行了规定。主要有两个方面含义：一是强调体制和机制建设；二是鼓励、引导民营经济组织通过自愿参与公益慈善事业、应急救灾等活动积极履行社会责任。本条充分体现了民营经济促进法对社会效益的高度重视。

（十）海外投资经营

民营经济促进法第 43 条规定："民营经济组织及其经营者在海外投资经营应当遵守所在国家或者地区的法律，尊重当地习俗和文化传统，维护国家形象，不得从事损害国家安全和国家利益的活动。"

本条主要对民营经济组织的海外投资经营进行了规定，强调应当遵守所在国家或者地区的法律，尊重当地习俗和文化传统。该条规定充分体现了立法的国际视野，主要从规范经营角度对民营经济组织海外投资经营行为进行了规定。

二、其他相关政策和法律规范中涉及规范经营的内容

（一）党的二十大报告和党的二十届三中全会报告中的相关论述

党的二十大报告强调，"坚决打赢反腐败斗争攻坚战持久

战""完善中国特色现代企业制度,弘扬企业家精神,加快建设世界一流企业""支持中小微企业发展""依法规范和引导资本健康发展"。

党的二十届三中全会强调,"深入推进党风廉政建设和反腐败斗争""完善中国特色现代企业制度,弘扬企业家精神,支持和引导各类企业提高资源要素利用效率和经营管理水平、履行社会责任,加快建设更多世界一流企业""支持引导民营企业完善治理结构和管理制度,加强企业合规建设和廉洁风险防控"。

(二)《中共中央 国务院关于促进民营经济发展壮大的意见》的相关论述

2023年7月发布的《中共中央 国务院关于促进民营经济发展壮大的意见》中对于促进民营经济科技创新的相关政策主要集中在以下四个方面:

在该意见的第四部分"强化民营经济发展法治保障"中明确规定,"构建民营企业源头防范和治理腐败的体制机制"。具体内容包括:一是出台司法解释,依法加大对民营企业工作人员职务侵占、挪用资金、受贿等腐败行为的惩处力度。二是健全涉案财物追缴处置机制。三是深化企业改革,推动民营企业守法经营。四是强化民营企业腐败源头治理,引导民营企业建立严格的审计监督体系和财会制度。五是充分发挥民营企业党组织作用,推动企业加强法治教育,营造诚信廉洁的企业文化氛围。六是建立多元主体参与的民营企业腐败治理机制。推动建设法治民营企业、清廉民营企业。

在第五部分"着力推动民营经济实现高质量发展"中明确规

定,"引导完善治理结构和管理制度"。具体内容包括:一是支持引导民营企业完善法人治理结构、规范股东行为、强化内部监督,实现治理规范、有效制衡、合法经营,鼓励有条件的民营企业建立完善中国特色现代企业制度。二是依法推动实现企业法人财产与出资人个人或家族财产分离,明晰企业产权结构。三是研究构建风险评估体系和提示机制,对严重影响企业运营并可能引发社会稳定风险的情形提前预警。四是支持民营企业加强风险防范管理,引导建立覆盖企业战略、规划、投融资、市场运营等各领域的全面风险管理体系,提升质量管理意识和能力。

在第五部分"着力推动民营经济实现高质量发展"中明确规定,"依法规范和引导民营资本健康发展"。具体内容包括:一是健全规范和引导民营资本健康发展的法律制度,为资本设立"红绿灯",完善资本行为制度规则,集中推出一批"绿灯"投资案例。二是全面提升资本治理效能,提高资本监管能力和监管体系现代化水平。三是引导平台经济向开放、创新、赋能方向发展,补齐发展短板弱项,支持平台企业在创造就业、拓展消费、国际竞争中大显身手,推动平台经济规范健康持续发展。四是鼓励民营企业集中精力做强、做优主业,提升核心竞争力。

在第七部分"持续营造关心促进民营经济发展壮大的社会氛围"中明确规定,"支持民营企业更好履行社会责任"。具体内容包括:一是教育引导民营企业自觉担负促进共同富裕的社会责任,在企业内部积极构建和谐劳动关系,推动构建全体员工利益共同体,让企业发展成果更公平地惠及全体员工。二是鼓励引导民营经济人士做发展的实干家和新时代的奉献者,在更高层次上实现个人价值,向全社会展现遵纪守法、遵守社会公德的良好形象,做到富而有责、富而有义、富而有爱。三是探索建立民营企业社会责任评价体系和激励机制，引导民营企业踊跃投身光彩事业和公益慈善事业，参与应急救灾，支持国防建设。

（三）刑法中的相关规定

刑法中除对防范和治理腐败的一般规定外，还在 2023 年 12 月通过的刑法修正案（十二）中，将之前仅适用于"国有公司、企业"等相关人员的部分犯罪（非法经营同类营业罪，为亲友非法牟利罪，徇私舞弊低价折股、出售国有资产罪）的范围扩大到民营企业，为有效惩治民营经济腐败犯罪提供更加完善的法律手段。

（四）公司法、合伙企业法、个人独资企业法等法律法规中的相关规定

民营经济组织的规范治理适用于公司法、合伙企业法、个人独资企业法等法律法规中的相关规定，此处不再一一列举。

三、本讲小结

本次立法专章对民营经济的规范经营进行强调，充分体现了规范经营对于民营经济健康发展的重大意义，也充分体现了党中央、国务院对民营经济健康发展的高度重视。学习本部分内容，除需要对本章具体法律条文基本含义有清晰认识外，还要充分认识到规范经营涉及多个法律法规和政策，需要结合其他相关法律法规政策理解和认识民营经济的规范经营问题。

第十三讲　服务保障

优化民营经济发展环境、为民营经济提供更好的服务保障，对促进民营经济发展壮大具有十分重要的意义。为此，民营经济促进法专章对民营经济的服务保障进行了规定，共有14个条文。学习民营经济促进法，需要对民营经济服务保障相关规定有充分认识。本讲主要围绕民营经济服务保障，对民营经济促进法的相关规定进行讲述，并结合其他相关政策、法律、法规对其进行分析。

一、本次立法关于服务保障的主要规定

民营经济促进法第六章专章对服务保障进行了规定，本章共有14个条文，主要对以下几个问题进行了规定。

（一）依法履职尽责

民营经济促进法第44条第1款规定："国家机关及其工作人员在促进民营经济发展工作中，应当依法履职尽责。国家机关工作人员与民营经济组织经营者在工作交往中，应当遵纪守法，保持清正廉洁。"

国家机关及其工作人员是为民营经济服务的重要主体，强化服务保障需要从国家机关及其工作人员入手。本条款主要对国家机关及其工作人员的依法履职尽责义务进行了明确规定,并特别强调国家机关工作人员应当遵纪守法、保持清正廉洁。

民营经济促进法第 44 条第 2 款规定:"各级人民政府及其有关部门建立畅通有效的政企沟通机制,及时听取包括民营经济组织在内各类经济组织的意见建议,解决其反映的合理问题。"

为民营经济提供优质服务的重要前提之一,就是要加强与民营经济组织的沟通交流。通过充分交流,及时了解民营经济组织的真实需求,为进一步优化服务提供重要依据。本条款主要从建立沟通机制方面进行规定,强调各级人民政府及其有关部门要及时听取意见建议,并对反映的合理问题进行解决。需要注意的是,这里强调的是合理问题。

(二)相关法律法规的制定与适用

民营经济促进法第 45 条第 1 款规定:"国家机关制定与经营主体生产经营活动密切相关的法律、法规、规章和其他规范性文件,最高人民法院、最高人民检察院作出属于审判、检察工作中具体应用法律的相关解释,或者作出有关重大决策,应当注重听取包括民营经济组织在内各类经济组织、行业协会商会的意见建议;在实施前应当根据实际情况留出必要的适应调整期。"

本款主要强调民营经济组织在法律、法规、司法解释、政策决策中的意见建议权。国家机关制定的相关规范性文件,最高人民法院、最高人民检察院的司法解释,以及上述部门的有关重大决策,如果对经营主体具有重要影响,需要听取意见建议。同时,在实施前应当根据实际情况留出必要的适应调整期,以便经营主体进行及时调整。需要注意的是,本条款特别强调要听取"包括民营经济组织在内各类经济组织、行业协会商会"的意见建议。

民营经济促进法第 45 条第 2 款规定，根据立法法的规定，与经营主体生产经营活动密切相关的法律、法规、规章和其他规范性文件，属于审判、检察工作中具体应用法律的解释，不溯及既往，但为了更好地保护公民、法人和其他组织的权利和利益而作的特别规定除外。

本条重点强调除特别规定外，法律、法规、规章以及其他规范性文件不溯及既往。在通常情况下，当事人无法对未来将要制定的法律法规进行精准预测，为了更好保护当事人的权益，"不溯及既往"成为法律适用的重要原则。本次立法重申"不溯及既往"是为了更好保护包括民营经济组织在内的所有经营主体的合法权益不受侵害。当然，"不溯及既往"原则也有例外，主要是为了更好地保护公民、法人和其他组织的权利和利益而作的特别规定。

（三）及时公开优惠政策并提供便利

民营经济促进法第 46 条规定："各级人民政府及其有关部门应当及时向社会公开涉及经营主体的优惠政策适用范围、标准、条件和申请程序等，为民营经济组织申请享受有关优惠政策提供便利。"

优惠政策直接关系到包括民营经济组织在内的经营主体的利益。本条对各级政府及其有关部门公开优惠政策相关信息的义务进行了规范，并特别强调为民营经组织申请享受相关优惠政策提供便利。这里涉及政府信息公开的相关规定，需要结合《政府信息公开条例》等法律法规进行理解。

（四）鼓励创业就业

民营经济促进法第 47 条规定："各级人民政府及其有关部门制

定鼓励民营经济组织创业的政策，提供公共服务，鼓励创业带动就业。"

民营经济组织在扩大就业、改善民生方面发挥着重要的作用。本条从制定政策与提供公共服务等方面对民营经济组织进行服务保障。

（五）提供优质登记服务

民营经济促进法第48条第1款规定："登记机关应当为包括民营经济组织在内的各类经济组织提供依法合规、规范统一、公开透明、便捷高效的设立、变更、注销等登记服务，降低市场进入和退出成本。"

为民营经济组织提供便捷高效的登记服务、降低民营经济组织市场进入和退出成本，是优化服务保障的重要方面。本条款主要围绕登记机关的优质服务进行了明确规定。

民营经济促进法第48条第2款规定："个体工商户可以自愿依法转型为企业。登记机关、税务机关和有关部门为个体工商户转型为企业提供指引和便利。"

依法转换组织形式的是经营主体权利，登记机关及有关部门应当对其提供指引和便利。

（六）提供人才支持

民营经济促进法第49条第1款规定："鼓励、支持高等学校、科研院所、职业学校、公共实训基地和各类职业技能培训机构创新人才培养模式，加强职业教育和培训，培养符合民营经济高质量发展需求的专业人才和产业工人。"

人才是第一资源，创新人才的培养对于民营经济组织发展壮大具有十分重大的意义。本条款主要对创新人才培养模式以及专业人才、产业工人培养进行了规定。

民营经济促进法第 49 条第 2 款规定："人力资源和社会保障部门建立健全人力资源服务机制，搭建用工和求职信息对接平台，为民营经济组织招工用工提供便利。"

本条主要从健全人力资源服务机制的角度对人力资源和社会保障部门提出了具体要求，包括搭建信息对接平台和为招工用工提供便利。

民营经济促进法第 49 条第 3 款规定："各级人民政府及其有关部门完善人才激励和服务保障政策措施，畅通民营经济组织职称评审渠道，为民营经济组织引进、培养高层次及紧缺人才提供支持。"

本条款主要从完善人才激励和服务保障政策措施的角度对各级人民政府及其有关部门提出明确要求，特别强调为民营经济组织职称评审以及人才引进与培养等方面提供支持。

（七）依法行政

民营经济促进法第 50 条规定："行政机关坚持依法行政。行政机关开展执法活动应当避免或者尽量减少对民营经济组织正常生产经营活动的影响，并对其合理、合法诉求及时响应、处置。"

本条主要强调行政机关要坚持依法行政，从减少对民营经济组织不当影响的角度进行明确规定，同时强调要对民营经济的合理、合法诉求及时响应、处置。

（八）行政处罚同等对待、过罚相当

民营经济促进法第 51 条规定："对民营经济组织及其经营者违

法行为的行政处罚应当按照与其他经济组织及其经营者同等原则实施。对违法行为依法需要实施行政处罚或者采取其他措施的，应当与违法行为的事实、性质、情节以及社会危害程度相当。违法行为具有《中华人民共和国行政处罚法》规定的从轻、减轻或者不予处罚情形的，依照其规定从轻、减轻或者不予处罚。"

"同等对待、过罚相当"是行政处罚必须坚持的重要原则。本条主要对现实中民营经济组织受到不公平、不公正的行政处罚问题进行了回应。理解本条内容，需要结合本法总则部分的第3条第3款："国家坚持平等对待、公平竞争、同等保护、共同发展的原则，促进民营经济发展壮大。民营经济组织与其他各类经济组织享有平等的法律地位、市场机会和发展权利。"

(九) 监管信息共享互认

民营经济促进法第52条第1款规定："各级人民政府及其有关部门推动监管信息共享互认，根据民营经济组织的信用状况实施分级分类监管，提升监管效能。"

提升监管效能是优化服务保障的重要方面，本条款主要从推动监管信息共享互认以及分类分级监管等方面对提升监管效能进行了明确规定。

民营经济促进法第52条第2款规定："除直接涉及公共安全和人民群众生命健康等特殊行业、重点领域依法依规实行全覆盖的重点监管外，市场监管领域相关部门的行政检查应当通过随机抽取检查对象、随机选派执法检查人员的方式进行，抽查事项及查处结果及时向社会公开。针对同一检查对象的多个检查事项，应当尽可能合并或者纳入跨部门联合检查范围。"

本条款对监管的方式进行了规范，旨在尽可能减少不必要的监管行为，同时对监管事项及查处结果的处理进行了明确规定。

（十）建立健全投诉举报处理机制、涉企行政执法诉求沟通机制

民营经济促进法第53条第1款规定："各级人民政府及其有关部门建立健全行政执法违法行为投诉举报处理机制，及时受理并依法处理投诉举报，保护民营经济组织及其经营者合法权益。"

畅通投诉举报处理渠道对于提升服务水平具有十分重要的作用。本条款主要对投诉举报处理机制进行了明确规定。

民营经济促进法第53条第2款规定："司法行政部门建立涉企行政执法诉求沟通机制，组织开展行政执法检查，加强对行政执法活动的监督，及时纠正不当行政执法行为。"

涉企行政执法诉求沟通机制对于维护企业合法权益具有重要意义。本条款主要从建立涉企行政执法诉求沟通机制对司法行政部门提出了明确要求。

（十一）健全失信惩戒和信用修复制度

民营经济促进法第54条第1款规定："健全失信惩戒和信用修复制度。实施失信惩戒，应当依照法律、法规和有关规定，并根据失信行为的事实、性质、轻重程度等采取适度的惩戒措施。"

社会信用是市场经济基础制度之一，健全社会信用制度至关重要。本条款主要是明确提出要健全失信惩戒和信用修复制度。需要注意的是，对失信惩戒措施的适用要把握"适度"这一关键点。

民营经济促进法第54条第2款规定："民营经济组织及其经营者纠正失信行为、消除不良影响、符合信用修复条件的，可以提出

信用修复申请。有关国家机关应当依法及时解除惩戒措施，移除或者终止失信信息公示，并在相关公共信用信息平台实现协同修复。"

本条款是对信用修复的相关规定。失信惩戒与信用修复是社会信用制度的重要内容。为了避免失信惩戒及相关信息对当事人的不当影响，本条款对信用修复制度进行了规范。

(十二) 建立健全矛盾纠纷多元化解机制

民营经济促进法第 55 条第 1 款规定："建立健全矛盾纠纷多元化解机制，为民营经济组织维护合法权益提供便利。"

本条款明确提出建立健全矛盾纠纷多元化解机制，目的是为民营经济组织维权提供便利。理解本条款，需要结合本法第七章权益保护的相关内容。

民营经济促进法第 55 条第 2 款规定："司法行政部门组织协调律师、公证、司法鉴定、基层法律服务、人民调解、商事调解、仲裁等相关机构和法律咨询专家，参与涉及民营经济组织纠纷的化解，为民营经济组织提供有针对性的法律服务。"

本条款明确规定司法行政部门组织协调相关机构为民营经济组织提供法律服务。理解本条款同样需要结合本法第七章的相关内容。

(十三) 充分发挥行业协会商会作用

民营经济促进法第 56 条规定："有关行业协会商会依照法律、法规和章程，发挥协调和自律作用，及时反映行业诉求，为民营经济组织及其经营者提供信息咨询、宣传培训、市场拓展、权益保护、纠纷处理等方面的服务。"

本条主要规定要充分发挥有关协会商会的作用，为民营经济组织提供相关服务。

（十四）支持、引导民营经济组织拓展国际交流合作、开展投资经营等活动

民营经济促进法第57条规定："国家坚持高水平对外开放，加快构建以国内大循环为主体、国内国际双循环相互促进的新发展格局；支持、引导民营经济组织拓展国际交流合作，在海外依法合规开展投资经营等活动；加强法律、金融、物流等海外综合服务，完善海外利益保障机制，维护民营经济组织及其经营者海外合法权益。"

本条明确规定了对民营经济组织拓展国际交流合作、开展投资经营等活动的支持和引导，并强调要完善海外利益保障机制。

二、其他相关政策和法律规范中涉及服务保障的内容

（一）党的二十大报告的相关论述

党的二十大报告明确提出"扎实推进依法行政"，强调要"深化行政执法体制改革，全面推进严格规范公正文明执法，加大关系群众切身利益的重点领域执法力度，完善行政执法程序，健全行政裁量基准"。

（二）党的二十届三中全会报告中的相关论述

党的二十届三中全会报告明确提出"深入推进依法行政"，强调"加快建立民营企业信用状况综合评价体系，健全民营中小企业增信制度""加强事中事后监管，规范涉民营企业行政检查"。

(三)《中共中央 国务院关于促进民营经济发展壮大的意见》的相关论述

在第二部分的"持续优化民营经济发展环境"中明确提出"完善社会信用激励约束机制"。具体内容包括：一是完善信用信息记录和共享体系，全面推广信用承诺制度，将承诺和履约信息纳入信用记录。二是发挥信用激励机制作用，提升信用良好企业的获得感。三是完善信用约束机制，依法依规按照失信惩戒措施清单对责任主体实施惩戒。四是健全失信行为纠正后的信用修复机制，研究出台相关管理办法。五是完善政府诚信履约机制，建立健全政务失信记录和惩戒制度，将机关、事业单位的违约毁约、拖欠账款、拒不履行司法裁判等失信信息纳入全国信用信息共享平台。

在第三部分"加大对民营经济政策支持力度"中明确提出"强化人才和用工需求保障"。具体内容包括：一是畅通人才向民营企业流动渠道，健全人事管理、档案管理、社会保障等接续的政策机制。二是完善民营企业职称评审办法，畅通民营企业职称评审渠道，完善以市场评价为导向的职称评审标准。三是搭建民营企业、个体工商户用工和劳动者求职信息对接平台。四是大力推进校企合作、产教融合。五是推进民营经济产业工人队伍建设，优化职业发展环境。六是加强灵活就业和新就业形态劳动者权益保障，发挥平台企业在扩大就业方面的作用。

在第三部分"加大对民营经济政策支持力度"中明确提出"强化政策沟通和预期引导"。具体内容包括：一是依法依规履行涉企政策调整程序，根据实际设置合理过渡期。二是加强直接面向民营企业和个体工商户的政策发布和解读引导。三是支持各级政府部门邀请优秀企业家开展咨询，在涉企政策、规划、标准的制定和评估等方面充分发挥企业家作用。

在第四部分"强化民营经济发展法治保障"中明确提出"完善监管执法体系"。具体内容包括：一是加强监管标准化规范化建设，依法公开监管标准和规则，增强监管制度和政策的稳定性、可预期性。二是提高监管公平性、规范性、简约性，杜绝选择性执法和让企业"自证清白"式监管。三是鼓励跨行政区域按规定联合发布统一监管政策法规及标准规范，开展联动执法。四是按照教育与处罚相结合原则，推行告知、提醒、劝导等执法方式，对初次违法且危害后果轻微并及时改正的企业依法不予行政处罚。

在第五部分"着力推动民营经济实现高质量发展"中明确提出"鼓励提高国际竞争力"。具体内容包括：一是支持民营企业立足自身实际，积极向核心零部件和高端制成品设计研发等方向延伸；加强品牌建设，提升"中国制造"美誉度。二是鼓励民营企业拓展海外业务，积极参与共建"一带一路"，有序参与境外项目，在走出去中遵守当地法律法规、履行社会责任。三是更好指导支持民营企业防范应对贸易保护主义、单边主义、"长臂管辖"等外部挑战。四是强化部门协同配合，针对民营经济人士海外人身和财产安全，建立防范化解风险协作机制。

（四）行政许可法、行政处罚法、行政诉讼法、仲裁法等法律法规

关于民营经济的服务保障问题，还会涉及行政许可法、行政处罚法、行政诉讼法、仲裁法等法律法规的相关规定，此处不再一一列举。

三、本讲小结

本次立法专章对民营经济的服务保障进行了规范，充分体现了服务保障的重要性。学习本部分内容，除需要对本章具体法律条文的基本含义有清晰认识外，还要充分认识到服务保障优化与法治政府建设直接相关。本章内容在多个党中央、国务院文件中也有体现，在学习时需要充分结合党中央、国务院文件和其他相关法律法规政策。

第十四讲　权益保护

依法保护民营经济组织及其经营者的合法权益是实现民营经济高质量发展的重要保障。市场经济必然是法治经济，法治是最好的营商环境。如果无法对民营经济组织及其经营者的合法权益进行有效保护，就不可能实现促进民营经济发展壮大的目标。实践中，侵犯民营经济组织及其经营者合法权益的问题时有发生。为此，民营经济促进法专章对民营经济的权益保护进行了规定，共有 13 个条文。学习民营经济促进法，需要从权益保护的角度深刻认识法治对民营经济的促进作用。本讲主要围绕权益保护这一核心问题，对民营经济促进法的相关规定进行讲述，并结合其他相关政策、法律、法规对其进行分析。

一、本次立法关于权益保护的主要规定

民营经济促进法第六章专章对权益保护问题进行了规定，该章共有 13 个条文，主要对以下几个问题进行了规定。

（一）明确民营经济组织及其经营者的合法权益受法律保护

民营经济促进法第 58 条规定："民营经济组织及其经营者的人身权利、财产权利以及经营自主权等合法权益受法律保护，任何单

位和个人不得侵犯。"

民营经济组织及其经营者的权利主要包括人身权利、财产权利以及经营自主权等，本条主要从总体上明确了民营经济组织及其经营者的合法权益受法律保护。学习本条内容，既需要结合本法的其他相关条文，也需要结合民法典等法律法规的具体规定。

(二) 强调人格权益受法律保护

民营经济促进法第59条第1款规定："民营经济组织的名称权、名誉权、荣誉权和民营经济组织经营者的名誉权、荣誉权、隐私权、个人信息等人格权益受法律保护。"

本条主要是从总体上强调民营经济组织及其经营者的人格权益受法律保护，并对人格权益的主要内容进行了明确。理解本条款内容需要结合民法典第四编人格权的相关规定。

民营经济促进法第59条第2款规定："任何单位和个人不得利用互联网等传播渠道，以侮辱、诽谤等方式恶意侵害民营经济组织及其经营者的人格权益。网络服务提供者应当依照有关法律法规规定，加强网络信息内容管理，建立健全投诉、举报机制，及时处置恶意侵害当事人合法权益的违法信息，并向有关主管部门报告。"

本条主要针对利用互联网等传播渠道侵害民营经济组织及其经营者的人格权益，同时对网络服务者的义务进行了明确。在互联网时代，通过互联网等渠道侵犯当事人合法权益的事情时有发生，本条款专门对利用互联网等渠道侵害民营经组织及其经营者的人格权益进行了规定，是对现实问题的重点回应。

民营经济促进法第59条第3款规定："人格权益受到恶意侵害的民营经济组织及其经营者有权依法向人民法院申请采取责令行为

人停止有关行为的措施。民营经济组织及其经营者的人格权益受到恶意侵害致使民营经济组织生产经营、投资融资等活动遭受实际损失的，侵权人依法承担赔偿责任。"

本条明确规定民营经济组织及其经营者的人格权益受到侵害时有权依法向人民法院申请采取相应措施并要求侵权人依法承担赔偿责任。理解本条款内容，需要结合民法典第七编侵权责任的相关规定和本法其他条文的相关规定。例如，本法第 74 条明确规定："违反本法规定，侵害民营经济组织及其经营者合法权益，其他法律、法规规定行政处罚的，从其规定；造成人身损害或者财产损失的，依法承担民事责任；构成犯罪的，依法追究刑事责任。"

（三）避免或者尽量减少影响正常生产经营活动并严格依法实施限制人身自由的强制措施

民营经济促进法第 60 条规定："国家机关及其工作人员依法开展调查或者要求协助调查，应当避免或者尽量减少对正常生产经营活动产生影响。实施限制人身自由的强制措施，应当严格依照法定权限、条件和程序进行。"

本条主要从权益保护的角度对国家机关及其工作人员依法开展调查或者要求协助调查提出明确要求，并特别强调实施限制人身自由的强制措施应当严格依照法定权限、条件和程序进行。由于实施限制人身自由的强制措施不仅直接影响到民营经济组织经营者，还会对民营经济组织的正常生产经营活动产生影响，本条款从权益保护的角度强调应当避免或者尽量减少对正常生产经营活动产生影响。理解本条规定，应当结合行政处罚法、刑事诉讼法等法律法规的相关条文。

此外，特别要注意结合本法第 50 条理解第 60 条规定。民营经济促进法第 50 条规定："行政机关坚持依法行政。行政机关开展执法活动应当避免或者尽量减少对民营经济组织正常生产经营活动的影响，并对其合理、合法诉求及时响应、处置。"

（四）对征收、征用财产严格限制

民营经济促进法第 61 条第 1 款规定："征收、征用财产，应当严格依照法定权限、条件和程序进行。"

征收、征用财产直接影响到民营经济组织及其经营者的财产权利，因此本条款特别强调"应当严格依照法定权限、条件和程序进行"。

民营经济促进法第 61 条第 2 款规定："为了公共利益的需要，依照法律规定征收、征用财产的，应当给予公平、合理的补偿。"

本条款主要对依法征收、征用财产的补偿问题进行了规定。这里有三层含义：一是征收、征用财产必须是为了公共利益的需要；二是为了公共利益需要征收、征用财产必须依照法律规定；三是为了公共利益的需要而依照法律规定征收、征用财产，应当给予公平、合理的补偿。

民营经济促进法第 61 条第 3 款规定："任何单位不得违反法律、法规向民营经济组织收取费用，不得实施没有法律、法规依据的罚款，不得向民营经济组织摊派财物。"

实践中针对民营经济组织乱收费、乱罚款、乱摊派的问题，本条从权益保护的角度对乱收费、乱罚款、乱摊派进行明确禁止。

（五）依法查封、扣押、冻结涉案财物

民营经济促进法第 62 条规定："查封、扣押、冻结涉案财物，应当遵守法定权限、条件和程序，严格区分违法所得、其他涉案财物与合法财产，民营经济组织财产与民营经济组织经营者个人财产，涉案人财产与案外人财产，不得超权限、超范围、超数额、超时限查封、扣押、冻结财物。对查封、扣押的涉案财物，应当妥善保管。"

本条主要强调应当依法查封、扣押、冻结涉案财物并严格区分不同性质的财产，以更好保护民营经济组织及其经营者的合法权益，同时应当妥善保管查封、扣押的涉案财物。

（六）严格区分经济纠纷与经济犯罪

民营经济促进法第 63 条第 1 款规定："办理案件应当严格区分经济纠纷与经济犯罪，遵守法律关于追诉期限的规定；生产经营活动未违反刑法规定的，不以犯罪论处；事实不清、证据不足或者依法不追究刑事责任的，应当依法撤销案件、不起诉、终止审理或者宣告无罪。"民营经济促进法第 63 条第 2 款进一步强调："禁止利用行政或者刑事手段违法干预经济纠纷。"

本条明确提出应当严格区分经济纠纷与经济犯罪，并禁止利用行政或者刑事手段违法干预经济纠纷，是本次立法的亮点之一。在实践中，利用行政或者刑事手段违法干预经济纠纷的问题较为突出，本条针对实践中的突出问题进行了明确回应，对于保护民营经济组织及其经营者的合法权益具有十分重要的意义。

（七）规范异地执法行为

民营经济促进法第 64 条第 1 款规定："规范异地执法行为，建立健全异地执法协助制度。办理案件需要异地执法的，应当遵守法定权限、条件和程序。国家机关之间对案件管辖有争议的，可以进行协商，协商不成的，提请共同的上级机关决定，法律另有规定的从其规定。"民营经济促进法第 64 条第 2 款规定："禁止为经济利益等目的滥用职权实施异地执法。"

本条明确提出要规范异地执法行为、建立健全异地执法协助制度，并对异地执法的权限、条件和程序提出了明确要求，同时特别强调禁止为经济利益等目的滥用职权实施异地执法。

（八）依法申请行政复议、提起诉讼

民营经济促进法第 65 条规定："民营经济组织及其经营者对生产经营活动是否违法，以及国家机关实施的强制措施存在异议的，可以依法向有关机关反映情况、申诉，依法申请行政复议、提起诉讼。"

依法向有关机关反映情况、申诉和依法申请行政复议、提起诉讼，是民营经济组织及其经营者维护其合法权益的重要手段，本条对此进行了明确规定。

（九）检察机关依法监督

民营经济促进法第 66 条规定："检察机关依法对涉及民营经济组织及其经营者的诉讼活动实施法律监督，及时受理并审查有关申诉、控告。发现存在违法情形的，应当依法提出抗诉、纠正意见、检察建议。"

检察机关是国家的法律监督机关，本条对检察机关的依法监督权进行了明确规定。

（十）及时支付账款

民营经济促进法第 67 条第 1 款规定："国家机关、事业单位、国有企业应当依法或者依合同约定及时向民营经济组织支付账款，不得以人员变更、履行内部付款流程或者在合同未作约定情况下以等待竣工验收批复、决算审计等为由，拒绝或者拖延支付民营经济组织账款；除法律、行政法规另有规定外，不得强制要求以审计结果作为结算依据。"民营经济促进法第 67 条第 2 款规定："审计机关依法对国家机关、事业单位和国有企业支付民营经济组织账款情况进行审计监督。"

在实践中，国家机关、事业单位、国有企业不及时支付账款的问题较为突出，本条针对现实中的突出问题进行了明确规定，同时明确了审计机关的审计监督权。

（十一）合理约定付款期限并及时支付账款

民营经济促进法第 68 条第 1 款规定："大型企业向中小民营经济组织采购货物、工程、服务等，应当合理约定付款期限并及时支付账款，不得以收到第三方付款作为向中小民营经济组织支付账款的条件。"民营经济促进法第 68 条第 2 款规定："人民法院对拖欠中小民营经济组织账款案件依法及时立案、审理、执行，可以根据自愿和合法的原则进行调解，保障中小民营经济组织合法权益。"

实践中，大型企业利用其优势地位不及时向中小民营经济组织支付账款的现象时有发生，本条对此进行了有针对性的规定，并强调人民法院要保障中小民营经济组织的合法权益。

（十二）加强账款支付保障工作

民营经济促进法第 69 条规定："县级以上地方人民政府应当加

强账款支付保障工作,预防和清理拖欠民营经济组织账款;强化预算管理,政府采购项目应当严格按照批准的预算执行;加强对拖欠账款处置工作的统筹指导,对有争议的鼓励各方协商解决,对存在重大分歧的组织协商、调解。协商、调解应当发挥工商业联合会、律师协会等组织的作用。"

本条明确规定了县级以上地方人民政府应当加强账款支付保障工作,并规定了相关具体措施,目的还是为保护民营经济组织及其经营者的合法权益。

(十三) 履行政策承诺和合同

民营经济促进法第70条第1款规定:"地方各级人民政府及其有关部门应当履行依法向民营经济组织作出的政策承诺和与民营经济组织订立的合同,不得以行政区划调整、政府换届、机构或者职能调整以及相关人员更替等为由违约、毁约。"民营经济促进法第70条第2款规定:"因国家利益、社会公共利益需要改变政策承诺、合同约定的,应当依照法定权限和程序进行,并对民营经济组织因此受到的损失予以补偿。"

本条主要针对现实中因各种原因出现的地方各级人民政府及其有关部门违约、毁约现象进行了明确规定。不仅对违约、毁约行为进行限制,同时还强调因国家利益、社会公共利益需要改变政策承诺、合同约定应当严格依法进行并予以补偿。

二、其他相关政策和法律规范中涉及权益保护的内容

(一) 党的二十大报告中的相关论述

党的二十大报告中明确提出,"优化民营企业发展环境,依法

保护民营企业产权和企业家权益，促进民营经济发展壮大"。

(二) 党的二十届三中全会报告中的相关论述

党的二十大报告中明确提出，"健全涉企收费长效监管和拖欠企业账款清偿法律法规体系""完善产权制度，依法平等长久保护各种所有制经济产权""对侵犯各种所有制经济产权和合法利益的行为实行同责同罪同罚，完善惩罚性赔偿制度""加强产权执法司法保护，防止和纠正利用行政、刑事手段干预经济纠纷，健全依法甄别纠正涉企冤错案件机制"。

(三)《中共中央 国务院关于促进民营经济发展壮大的意见》的相关论述

在第一部分"总体要求"中强调，"依法保护民营企业产权和企业家权益"。

在第二部分"优化民营经济发展环境"中强调，"完善政府诚信履约机制，建立健全政务失信记录和惩戒制度，将机关、事业单位的违约毁约、拖欠账款、拒不履行司法裁判等失信信息纳入全国信用信息共享平台"。

在第三部分"加大对民营经济政策支持力度"中强调，"完善拖欠账款常态化预防和清理机制。严格执行《保障中小企业款项支付条例》，健全防范化解拖欠中小企业账款长效机制，依法依规加大对责任人的问责处罚力度。机关、事业单位和大型企业不得以内部人员变更，履行内部付款流程，或在合同未作约定情况下以等待竣工验收批复、决算审计等为由，拒绝或延迟支付中小企业和个体工商户款项。建立拖欠账款定期披露、劝告指导、主动执法制度。强化商业汇票信息披露，完善票据市场信用约束机制。完善拖欠账款投诉处理和信用监督机制，加强对恶意拖欠账款案例的曝光。完善拖欠账款清理与审计、督查、巡视等制度的常态化对接机制"。

在第四部分"强化民营经济发展法治保障"中强调，"依法保护民营企业产权和企业家权益。防止和纠正利用行政或刑事手段干预经济纠纷，以及执法司法中的地方保护主义。进一步规范涉产权强制性措施，避免超权限、超范围、超数额、超时限查封扣押冻结财产。对不宜查封扣押冻结的经营性涉案财物，在保证侦查活动正常进行的同时，可以允许有关当事人继续合理使用，并采取必要的保值保管措施，最大限度减少侦查办案对正常办公和合法生产经营的影响。完善涉企案件申诉、再审等机制，健全冤错案件有效防范和常态化纠正机制"。

在第五部分"着力推动民营经济实现高质量发展"中强调，"强化部门协同配合，针对民营经济人士海外人身和财产安全，建立防范化解风险协作机制"。

（四）民法典和刑法等法律法规的规定

在民法典、公司法、刑法、民事诉讼法、刑事诉讼法、行政诉讼法等法律中关于权益保护的一般规定，同样适用民营经济组织及其经营者，此处不再一一列举。

三、本讲小结

本次立法专章对民营经济组织及其经营者的权益保护问题进行了系统规范，充分体现了权益保护对于促进民营经济健康发展的重要性。学习本部分内容，除了需要对本章具体法律条文基本含义有清晰认识之外，还要充分结合党中央、国务院有关政策以及民法典、刑法等相关法律法规，系统把握民营经济组织及其经营者的权益保护体系。

第十五讲　法律责任

法律责任的相关规定对于维护法律权威具有十分重要的意义。为此，民营经济促进法以专章的形式对法律责任进行了明确规定，共有6个条文。学习民营经济促进法，需要高度重视关于法律责任的相关规定。需要说明的是，民营经济促进法中关于法律责任的相关规定具有较强的针对性和明确的指向性，民法典和刑法等法律法规中关于法律责任的一般规定同样适用民营经济组织及其经营者。本讲主要围绕法律责任，对民营经济促进法的相关规定进行讲述，并结合其他相关政策、法律、法规对其进行分析。

一、本次立法关于法律责任的主要规定

民营经济促进法第八章专章对法律责任问题进行了规定，该章共有6个条文，主要对以下几个问题进行了规定。

（一）违反公平竞争的法律责任

民营经济促进法第71条规定："违反本法规定，有下列情形之一的，由有权机关责令改正，造成不良后果或者影响的，对负有责任的领导人员和直接责任人员依法给予处分：（一）未经公平竞争审查或者未通过公平竞争审查出台政策措施；（二）在招标投标、

政府采购等公共资源交易中限制或者排斥民营经济组织。"

本条主要对违反公平竞争的法律责任进行了明确规定。主要包括两种情况：一是未经公平竞争审查或者未通过公平竞争审查出台政策措施；二是在招标投标、政府采购等公共资源交易中限制或者排斥民营经济组织。具体的法律责任是：由有权机关责令改正，造成不良后果或者影响的，对负有责任的领导人员和直接责任人员依法给予处分。

需要注意的是，本条规定具有明确的指向性。理解本条规定，需要结合民营经济促进法第 11 条、第 14 条的相关规定。民营经济促进法第 11 条明确规定："各级人民政府及其有关部门落实公平竞争审查制度，制定涉及经营主体生产经营活动的政策措施应当经过公平竞争审查，并定期评估，及时清理、废除含有妨碍全国统一市场和公平竞争内容的政策措施，保障民营经济组织公平参与市场竞争。市场监督管理部门负责受理对违反公平竞争审查制度政策措施的举报，并依法处理。"第 14 条明确规定："公共资源交易活动应当公开透明、公平公正，依法平等对待包括民营经济组织在内的各类经济组织。除法律另有规定外，招标投标、政府采购等公共资源交易不得有限制或者排斥民营经济组织的行为。"

（二）违反法律规定实施征收、征用或者查封、扣押、冻结等措施的法律责任

民营经济促进法第 72 条第 1 款规定："违反法律规定实施征收、征用或者查封、扣押、冻结等措施的，由有权机关责令改正，造成损失的，依法予以赔偿；造成不良后果或者影响的，对负有责任的领导人员和直接责任人员依法给予处分。"第 72 条第 2 款规定："违反法

律规定实施异地执法的，由有权机关责令改正，造成不良后果或者影响的，对负有责任的领导人员和直接责任人员依法给予处分。"

本条主要对违反法律规定实施征收、征用或者查封、扣押、冻结等措施以及违反法律规定实施异地执法的法律责任进行了规定。具体的法律责任是：由有权机关责令改正；造成损失的，依法予以赔偿；对负有责任的领导人员和直接责任人员依法给予处分。

需要注意的是，本条规定同样具有明确的指向性。理解本条规定，需要结合民营经济促进法第61条、第62条、第64条的相关规定。民营经济促进法第61条明确规定："征收、征用财产，应当严格依照法定权限、条件和程序进行。为了公共利益的需要，依照法律规定征收、征用财产的，应当给予公平、合理的补偿。任何单位不得违反法律、法规向民营经济组织收取费用，不得实施没有法律、法规依据的罚款，不得向民营经济组织摊派财物。"第62条明确规定："查封、扣押、冻结涉案财物，应当遵守法定权限、条件和程序，严格区分违法所得、其他涉案财物与合法财产，民营经济组织财产与民营经济组织经营者个人财产，涉案人财产与案外人财产，不得超权限、超范围、超数额、超时限查封、扣押、冻结财物。对查封、扣押的涉案财物，应当妥善保管。"第64条明确规定："规范异地执法行为，建立健全异地执法协助制度。办理案件需要异地执法的，应当遵守法定权限、条件和程序。国家机关之间对案件管辖有争议的，可以进行协商，协商不成的，提请共同的上级机关决定，法律另有规定的从其规定。禁止为经济利益等目的滥用职权实施异地执法。"

(三) 违反法律、行政法规规定或者合同约定等行为的法律责任

民营经济促进法第73条第1款规定："国家机关、事业单位、

国有企业违反法律、行政法规规定或者合同约定，拒绝或者拖延支付民营经济组织账款，地方各级人民政府及其有关部门不履行向民营经济组织依法作出的政策承诺、依法订立的合同的，由有权机关予以纠正，造成损失的，依法予以赔偿；造成不良后果或者影响的，对负有责任的领导人员和直接责任人员依法给予处分。"第73条第2款规定："大型企业违反法律、行政法规规定或者合同约定，拒绝或者拖延支付中小民营经济组织账款的，依法承担法律责任。"

本条主要规定国家机关、事业单位、国有企业、大型企业违反法律、行政法规规定或者合同约定，拒绝或者拖延支付民营经济组织账款，以及地方各级人民政府及其有关部门不履行向民营经济组织依法作出的政策承诺、依法订立的合同，应当承担的法律责任。具体的法律责任是：由有权机关予以纠正，造成损失的，依法予以赔偿；造成不良后果或者影响的，对负有责任的领导人员和直接责任人员依法给予处分。

需要注意的是，本条规定同样具有明确的指向性。理解本条规定，需要结合民营经济促进法第67条、第68条、第69条的相关规定。民营经济促进法第67条明确规定："国家机关、事业单位、国有企业应当依法或者依合同约定及时向民营经济组织支付账款，不得以人员变更、履行内部付款流程或者在合同未作约定情况下以等待竣工验收批复、决算审计等为由，拒绝或者拖延支付民营经济组织账款；除法律、行政法规另有规定外，不得强制要求以审计结果作为结算依据。审计机关依法对国家机关、事业单位和国有企业支付民营经济组织账款情况进行审计监督。"第68条明确规定："大型企业向中小民营经济组织采购货物、工程、服务等，应当合理约定付款期限并及时支付账款,不得以收到第三方付款作为向中小民营经济组织支付账款的条件。人民法院对拖欠中小民营经济组织账款案件依法及时立案、审理、执行,可以根据自愿和合法的原则进行调解,保障中小民营经济组织合法权益。"第69条明确规定:"县级以上地方人民政府应当加强账款支付保障工作,预防和清理拖欠民营经济组织账款;强化预算管理,政府采购项目应当严格按照批准的预算执行;加强对拖欠账款处置工作的统筹指导,对有争议的鼓励各方协商解决,对存在重大分歧的组织协商、调解。协商、调解应当发挥工商业联合会、律师协会等组织的作用。"

(四)侵害民营经济组织及其经营者合法权益的法律责任

民营经济促进法第74条规定:"违反本法规定,侵害民营经济组织及其经营者合法权益,其他法律、法规规定行政处罚的,从其规定;造成人身损害或者财产损失的,依法承担民事责任;构成犯罪的,依法追究刑事责任。"

本条主要对侵害民营经济组织及其经营者合法权益的行政责任、民事责任和刑事责任进行了明确规定。具体的法律责任是:其他法律、法规规定行政处罚的,从其规定;造成人身损害或者财产损失的,依法承担民事责任;构成犯罪的,依法追究刑事责任。上述法律责任包括行政责任、民事责任和刑事责任。

需要注意的是,本条是对侵害民营经济组织及其经营者合法权益的法律责任的概括性规定。在民营经济促进法中,多个条文涉及民营经济组织及其经营者的权益保护问题。民营经济促进法第七章"权益保护"专门围绕民营经济组织及其经营者的权益保护问题进行规范。民营经济促进法中明确强调对民营经济组织及其经营者

"权益保护"的条文主要有第53条、第55条、第56条、第58条、第59条、第68条，最为核心的是第58条、第59条。民营经济促进法第58条规定："民营经济组织及其经营者的人身权利、财产权利以及经营自主权等合法权益受法律保护，任何单位和个人不得侵犯。"第59条规定："民营经济组织的名称权、名誉权、荣誉权和民营经济组织经营者的名誉权、荣誉权、隐私权、个人信息等人格权益受法律保护。任何单位和个人不得利用互联网等传播渠道，以侮辱、诽谤等方式恶意侵害民营经济组织及其经营者的人格权益。网络服务提供者应当依照有关法律法规规定，加强网络信息内容管理，建立健全投诉、举报机制，及时处置恶意侵害当事人合法权益的违法信息，并向有关主管部门报告。人格权益受到恶意侵害的民营经济组织及其经营者有权依法向人民法院申请采取责令行为人停止有关行为的措施。民营经济组织及其经营者的人格权益受到恶意侵害致使民营经济组织生产经营、投资融资等活动遭受实际损失的，侵权人依法承担赔偿责任。"此外，在其他相关条文中也贯彻落实体现了对民营经济组织及其经营者的权益保护的基本理念。

（五）生产经营活动违反法律、法规规定的法律责任

民营经济促进法第75条规定："民营经济组织及其经营者生产经营活动违反法律、法规规定，由有权机关责令改正，依法予以行政处罚；造成人身损害或者财产损失的，依法承担民事责任；构成犯罪的，依法追究刑事责任。"

本条规定了营经济组织及其经营者生产经营活动违反法律、法规规定的法律责任。具体的法律责任是：由有权机关责令改正，依

法予以行政处罚；造成人身损害或者财产损失的，依法承担民事责任；构成犯罪的，依法追究刑事责任。上述法律责任包括行政责任、民事责任和刑事责任。

需要注意的是，民营经济促进法保护民营经济组织及其经营者的合法权益，并不意味着民营经济组织及其经营者可以违法进行生产经营活动。如果民营经济组织及其经营者的生产经营活动违反法律、法规规定，同样需要承担相应的法律责任。

（六）骗取表彰荣誉、优惠政策等的法律责任

民营经济促进法第 76 条规定："民营经济组织及其经营者采取欺诈等不正当手段骗取表彰荣誉、优惠政策等的，应当撤销已获表彰荣誉、取消享受的政策待遇，依法予以处罚；构成犯罪的，依法追究刑事责任。"

本条规定了民营经济组织及其经营者采取欺诈等不正当手段骗取表彰荣誉、优惠政策等的法律责任。具体法律责任是：应当撤销已获表彰荣誉、取消享受的政策待遇，依法予以处罚；构成犯罪的，依法追究刑事责任。

需要注意的是，本条规定同样具有明确的指向性。理解本条规定，需要结合民营经济促进法第 46 条、第 59 条的相关规定。民营经济促进法第 46 条规定："各级人民政府及其有关部门应当及时向社会公开涉及经营主体的优惠政策适用范围、标准、条件和申请程序等，为民营经济组织申请享受有关优惠政策提供便利。"第 59 条第 1 款规定："民营经济组织的名称权、名誉权、荣誉权和民营经济组织经营者的名誉权、荣誉权、隐私权、个人信息等人格权益受法律保护。"

二、其他相关政策和法律规范中涉及法律责任的内容

（一）党的二十大报告中的相关论述

党的二十大报告明确提出，"完善产权保护、市场准入、公平竞争、社会信用等市场经济基础制度，优化营商环境""转变政府职能，优化政府职责体系和组织结构，推进机构、职能、权限、程序、责任法定化，提高行政效率和公信力。深化事业单位改革。深化行政执法体制改革，全面推进严格规范公正文明执法，加大关系群众切身利益的重点领域执法力度，完善行政执法程序，健全行政裁量基准。强化行政执法监督机制和能力建设，严格落实行政执法责任制和责任追究制度。完善基层综合执法体制机制"。

（二）党的二十届三中全会报告中的相关论述

党的二十届三中全会明确提出，"加强公平竞争审查刚性约束，强化反垄断和反不正当竞争，清理和废除妨碍全国统一市场和公平竞争的各种规定和做法""深入推进依法行政。推进政府机构、职能、权限、程序、责任法定化，促进政务服务标准化、规范化、便利化，完善覆盖全国的一体化在线政务服务平台。完善重大决策、规范性文件合法性审查机制。加强政府立法审查。深化行政执法体制改革，完善基层综合执法体制机制，健全行政执法监督体制机制。完善行政处罚等领域行政裁量权基准制度，推动行政执法标准跨区域衔接。完善行政处罚和刑事处罚双向衔接制度。健全行政复议体制机制。完善行政裁决制度"。

（三）民法典、刑法、行政处罚法、反垄断法、反不正当竞争法、招标投标法和《公平竞争审查条例》等法律法规中的相关规定

民法典、刑法、行政处罚法、反垄断法、反不正当竞争法、招标投标法和《公平竞争审查条例》等法律法规对公平竞争审查、招标投标、侵权行为等方面的相关规定，与本章内容有较为紧密的联系，但考虑到内容较多且复杂，此处就不再一一列举。

三、本讲小结

法律责任对于维护法律权威意义重大。本次立法专章对法律责任进行明确规定，除针对公平竞争审查等实践中的突出问题有针对性地进行规范外，还对侵犯民营经济组织及其经营者合法权益的行为的法律责任，以及民营经济组织及其经营者违反法律、法规进行生产经营活动的法律责任进行了概括性规定。法律责任是民营经济促进法不可或缺的重要内容，学习本部分内容，除需要对本章具体法律条文基本含义有清晰认识外，还要充分结合党中央、国务院有关政策以及民法典、刑法、反不正当竞争法和《公平竞争审查条例》等相关法律法规的相关规定。

第二部分
民营经济高质量发展典型案例

人民法院助推民营经济高质量发展典型民商事案例[①]

(2021年9月3日)

案例1：重庆某实业集团及其十家全资子公司司法重整案

【基本案情】重庆某实业集团（以下简称某实业集团）成立于1997年，2010年在上海证券交易所上市，首次公开发行2亿股，募集资金29亿元，是中国首家在A股上市的民营乘用车企业。某实业集团及其持有的十家全资子公司已形成了主营汽车、摩托车及发动机产销的跨国性企业集团，曾十度入选中国企业500强，出口金额连续多年位居重庆市第一。然而，因汽车、摩托车行业深度转型，同时受战略投资亏损、内部管理不善等综合因素影响，某实业集团自2017年起逐渐陷入经营和债务危机，巨额金融债务违约、主要资产被抵押、质押，主营业务基本处于停滞状态。2020年6月，债权人以某实业集团不能清偿到期债务且明显缺乏清偿能力为由，向法院申请对某实业集团实施重整。同年7月，债权人以某乘用车、某汽销、某进出口、某摩发、某汽发等某实业集团的十家全资子公司不能清偿到期债务且资产不足以清偿全部债务或明显缺乏清偿能力为由，向法院申请对10家子公司实施重整。重庆市第五中级人民

[①] 注：本部分案例为节录，经编辑加工。案例原文参见《人民法院助推民营经济高质量发展典型民商事案例》，载最高人民法院网站，https://www.court.gov.cn/zixun/xiangqing/320231.html，最后访问时间：2025年6月1日。

法院裁定受理了对某实业集团及其 10 家子公司的重整申请，并分别指定该集团企业清算组为管理人。截至 2020 年评估基准日，某实业集团及其十家全资子公司资产评估总值为 77.15 亿余元；截至 2020 年 11 月，债权人申报债权共计 267.71 亿余元。在假定破产清算状态下，某实业集团普通债权清偿率为 12.65%。

【裁判结果】为维持企业营运价值，重庆五中院在受理重整申请后，决定某实业集团及其十家全资子公司继续营业，同时从 2020 年 8 月开始，指导管理人发布重整投资人招募公告，经过严格审查，最终确定国有投资平台某投资基金管理有限公司和民营企业某投资有限公司组成的联合体，作为战略投资人。2020 年 11 月，某实业集团及其出资人会议以及十家全资子公司债权人会议，均高票通过重整计划草案。重庆五中院批准重整计划并终止重整程序。2021 年 2 月，重庆五中院作出裁定，确认重整计划执行完毕并终结重整程序。

【典型意义】某实业集团司法重整案，是国内首家汽摩行业上市公司司法重整案。通过司法重整，整体化解了企业危机，维护了 6 万余户中小投资者、5700 余名职工的合法利益，保障了上下游产业链千余家企业的正常生产经营。重庆五中院在该案的司法重整中，充分发挥"府院"协调机制作用，创新采用"财务投资人+产业投资人"的模式引入战略投资人，形成了推动企业重生的双重"驱动力"，即：一方面，通过国有平台公司和民营企业共同牵头设立投资基金引入社会资本参与企业重整，为企业发展给予资金支持；另一方面，通过行业龙头企业导入新技术、新业态，将传统的汽车、摩托车制造业务升级为智能新能源汽车产业新生态。经过司法重整，助力某实业集团产业转型升级，推动了民营企业高质量发展。之后，上海证券交易所撤销了对某实业集团的退市风险警示及其他风险警示，截至 2025 年 8 月 27 日，总市值达 280.35 亿元。某实业集团及其十家全资子公司也都实现了扭亏为盈，全面实现了企业脱困重生。

【案件案号】重庆市第五中级人民法院（2020）渝 05 破 193 号

案例 2：广西 Z 集团有限公司及 53 家关联企业合并重整案

【基本案情】成立于 2003 年的广西 Z 集团有限公司（以下简称 Z 集团）是广西第一家集汽车、发动机、机床三大主机制造于一体的民营企业，第一家拥有从旋窑水泥、商用混凝土等建筑材料到建筑施工、房地产开发产业链的民营企业，也是一家能够提供担保、金融服务的跨区域发展、多元化经营的综合性大型民营企业，曾两度入选全国民营企业 500 强。然而，由于经营扩张过快导致资金链断裂，企业经营亏损，以 2014 年 5 月 28 日柳州市公安局宣布对 Z 集团涉嫌非法吸收公众存款犯罪立案侦查为标志，开始爆发严重债务危机。Z 集团与 53 家关联公司陷入大量诉讼纠纷，涉债总额超过 380 亿元，诉讼纠纷除了广西以外，还涉及江苏、福建、湖南等全国多个地区。由于诉讼纠纷，导致其资产全部被查封，严重资不抵债，不能清偿到期债务。为解决可能引发的社会问题，柳州市委、市政府及相关部门采取了多种措施，但未取得预期效果。2018 年，由于各方强烈要求，柳州市委、市政府建议由高级法院受理本案以便在全区范围内统筹协调、整体把控，债务人与其债权人也达成共识请求由高级法院受理本案，广西壮族自治区高级人民法院遂以该案属于全区重大、疑难、复杂的案件，裁定予以受理。

【裁判结果】2018 年 12 月，广西高院裁定确认管理人将某金融投资集团城建发展有限公司确认为本案重整投资人程序合法。投资人共计投入 36 亿元用以清偿本案各类债务和费用，实现了重整费用、共益债务、建设工程债权、职工劳动债权、税收债权以及 10 万元以下的小额债权清偿率 100%。2019 年 1 月，广西高院裁定批准重整计划草案，并终止重整程序，该司法重整案圆满审结。

【典型意义】 Z 集团及 53 家关联企业司法重整案，是全国首例由高级法院受理的 54 名关联债务人实质合并重整案件。广西高院仅用时 6 个多月，实现债权人会议高票赞成通过了相关重整计划草案。目前，管理人已与投资方完成资产交接，投资方已按重整计划草案约定时间支付了投资款。该案成功化解债务总额超过 380 亿元，涉及不含劳动债权的债权人多达 2039 人，盘活破产企业资产价值约 150 亿元，化解诉讼案件约 470 件，涉案金额约 77 亿元。取得了四个方面突出成效：一是涉案 26 家金融机构债权全额或高额清偿，维护了地区金融安全；二是税务债权全额清偿，确保了国家税收和税源稳定；三是职工债权全额清偿，保障了职工基本生存权，同时 10 万元以下债权全额清偿，确保了 1922 笔普通债权中每个债权人都有收获；四是解决执行案件 2300 余件，为基本解决执行难提供了新路径。

该案的典型意义有三：第一，充分保障各类债权人合法权益。为公平保障更多债权人利益，在保障抵押担保债权人权益的前提下，以 12 亿元重整资金专门解决非担保债权，使得破产重整费用、共益债务、建设工程债权、职工劳动债权、税收债权以及 10 万元以下的小额债权人均得到全额清偿。第二，高质量审结、高效实践了多个关联公司实质合并重整的模式。为利于整合资源，提高司法效率，避免损害债权人利益，且关联公司与主要债权人均向法院明确表示合并受理符合债权人整体利益并书面请求合并受理，广西高院将 54 名债务人实质合并重整，仅用 6 个多月就彻底解决了困扰五年多的社会问题，是实质合并重整的典型案例，具有较好的标杆示范意义。第三，盘活生产型企业和土地类资产，助力地方经济增长。对具备基本盘活条件的生产型企业，通过厂房维修、升级改造等方式增加资产储备价值，引入战略投资者从根本上"救活"企业。截至 2020 年 12 月，企业经营实现收入 61550 万元。对重整项目资产中的土地类资产，积极引进国内知名房地产企业，打造品质楼盘，促成项目落地。同时积极配合政府对老旧城区的城市更新规划，改善地块周边居民的生活环境，打造城市新风貌。

【案件案号】广西壮族自治区高级人民法院（2018）桂破 1 号

案例 3：某国际信托有限公司与某能源开发公司等金融借款合同纠纷案

【基本案情】2013 年 5 月 30 日，某国际信托有限责任公司（以下简称某信托公司）与某能源开发公司（以下简称某能源公司）（借款人）签订《信托贷款合同》，约定分期发放贷款 4.1 亿元，贷款期限为 30 个月，并就利息、罚息、违约金等进行了约定。2014 年 6 月 20 日，某能源公司与某信托公司签订《财务顾问协议》，约定某能源公司根据贷款发放进度分期支付财务顾问费用 3405 万元。后因某能源公司未能如期还款，某信托公司诉至法院。

【裁判结果】一审判令某能源公司向某信托公司支付借款本金 3.893 亿元及利息，以及按日 0.05% 标准计算的违约金，按借款总额支付 20% 的违约金等。最高人民法院二审认为，因某信托公司不能举证证明其为某能源公司提供了何种具体的财务顾问服务，应当认定其未提供财务顾问服务。结合贷款实际发放和某能源公司支付财务顾问费的时间，财务顾问费用分期支付之时，某信托公司的贷款尚未发放完成，应当认定案涉 3405 万元财务顾问费为预先收取的利息，并在计算欠款本金时予以扣除。另外，《信托贷款合同》约定了贷款期限的前 24 个月按 12% 计息，后 6 个月按 14% 计息，逾期贷款本金按贷款日利率的 150% 按日计收罚息，并对应付未付利息按贷款日利率的 150% 按日计收复利；不按约定归集资金的，按贷款本金余额的 0.05% 按日计收违约金（年化为 18%），未及时偿还全部借款的，还应另行支付已发放贷款本金 20% 的违约金。加上作为"砍头息"收取的财务顾问费用 3405 万元约为贷款总额的 8.3%，贷款人某信托公司同时主张的利息、复利、罚息、违约金和其他费用过高，显著背离实际损失，应当依法予以调减。

【典型意义】坚持以人民为中心的发展思想，就是要在高质量发展中促进共同富裕，正确处理效率和公平的关系，取缔非法收入，切实降低实体企业的实际融资成本，促进社会公平正义。该案贷款人共计借出款项 4.098 亿元，同时以财务顾问费的形式，在每次放款前均要求借款人提前支付"砍头息"，共计 3405 万元，约为贷款总额的 8.3%。二审法院因贷款人不能举证证明其为借款人具体提供了何种财务顾问服务，故认定其实际未提供财务顾问服务，将收取的高额财务顾问费用认定为以顾问费名义预先收取利息，在计算欠款本金时予以扣除。同时，原借款合同约定了非常复杂的利息、复利、罚息、违约金以及其他费用的计算方式，给实体企业增加了沉重的违约负担。二审依法予以调整，体现了人民法院秉持以人民为中心促进共同富裕的理念，依法保护合法收入，坚决取缔非法收入。

【案件案号】一审：北京市高级人民法院（2016）京民初77号；二审：最高人民法院（2019）最高法民终1081号

案例4：江苏镇江市某村民委员会与镇江山水湾生态农业开发公司土地承包经营权纠纷案

【基本案情】2007年，经江苏省镇江市丹徒区人民政府招商引资，镇江山水湾生态农业开发公司（以下简称某生态农业开发公司）与该区江苏省镇江市某村民委员会（以下简称某村民委员会）签订多份土地承包经营权转让协议，先期承包该村近900亩土地，计划投资4.45亿元用于特色农业生产开发。合同签订后，某生态农业开发公司介绍已先后投入3亿余元用于拆迁、道路、机耕道、土地整形、生态沟渠、日光温室、苗木栽培等项目建设。后由于某生态农业开发公司法定代表人遭遇交通事故等原因，某生态农业开发公司自2015年起开始拖延支付土地流转使用费。2016年度的土地承包使用费由某村民委员会提供担保，某生态农业开发公司向他人借款后支付给村委会，再由村委会发放给各农户；2017年度土地承包使用费由某生态农业开发公司向某村民委员会借款70万元向各农户发放；自2017年年底起，某村民委员会又多次向某生态农业开发公司催要2018年度的土地租金未果，遂诉至法院要求解除合同，返还所承租的近900亩土地。

【裁判结果】镇江市丹徒区人民法院一审认定某生态农业开发公司违约，判令解除合同并返还土地。镇江市中级人民法院二审认为，某生态农业开发公司在本案争议发生前，已经取得了相关部门的项目规划许可，并投入大量资金和人力用于项目建设。本案某生态农业开发公司的违约并未根本影响合同目的的实现，如果判令解除合同将造成社会资源的巨大浪费。二审法院积极与某村民委员会沟通，分析某生态农业开发公司运营给村集体带来的经济利益，最终村委会同意就合同继续履行与某生态农业开发公司进行协商。之后，法院又积极联系某生态农业开发公司，提出改善经营的意见建议。经过多次耐心细致工作，最终村委会与某生态农业开发公司双方达成了调解协议，土地承包协议继续履行，某生态农业开发公司限期支付土地承包费。

【典型意义】 实施乡村振兴战略，是以习近平同志为核心的党中央从党和国家事业全局出发，从实现中华民族伟大复兴着眼，顺应亿万农民对美好生活向往作出的重大决策。人民法院积极服务乡村振兴战略，精准对接脱贫地区司法需求，鼓励引导民营企业投身乡村振兴，实现民营企业"万企帮万村"精准扶贫和乡村振兴阶段"万企兴万村"的有效衔接。本案某生态农业开发公司开发项目包括田园综合体、文旅、康养等，为附近村民提供了更多的就业机会，支付给村委会的租金增加了部分农户收入，并带动整个乡村生态环境和基础设施的改善。但由于该公司法定代表人遭遇交通事故等原因，未能按时足额缴纳土地承包费，以致产生诉讼。二审法院镇江中院从振兴乡村经济出发，深入乡村考察、积极组织双方在庭外进行协商调解，为企业经营建言献策、解决后顾之忧，既化解了双方之间的矛盾，又推动了当地特色农业项目继续推进。

【案件案号】 一审：江苏省镇江市丹徒区人民法院（2018）苏1112民初1388号；二审：江苏省镇江市中级人民法院（2019）苏11民终2551号

案例 5：陕西西安某变压器公司与鹤壁某物流公司承揽合同纠纷案

【基本案情】 2011 年 1 月，鹤壁某物流公司（以下简称某物流公司）与陕西西安某变压器公司（以下简称某变压器公司）签订《购销合同》，约定某物流公司向某变压器公司购买两台电力变压器，单价为 749.5 万元，共计 1499 万元，交货时间为 2011 年 6 月 15 日。2011 年 7 月，某变压器公司向某物流公司发函称："恰逢国家重点工程 1000KV、750KV 可控电抗器也在近期交货，造成了交货期的冲突，由于以上与国家重点项目的冲突，加之我司生产能力的局限，造成贵司项目产品交货时间推迟。"最终某物流公司确认实际交货时间为 2011 年 10 月 16 日，实际迟延履行 123 天。2019 年 1 月，某变压器公司在河南省鹤壁市淇县人民法院提起诉讼，要求某物流公司支付剩余货款 105.6 万元。经一、二审法院审理，该案支持了某变压器公司的诉请。某物流公司遂提起本案诉讼，要求某变压器公司支付逾期交货的违约金 134.91 万元。

【裁判结果】 西安市莲湖区人民法院认为，某变压器公司主张其延迟交货属于不可抗力的理由不能成立，该行为属于违约行为，应当承担相应的违约责任。莲湖区法院判令某变压器公司支付某物流公司违约金 134.91 万元。

西安市中级人民法院二审维持了一审判决。陕西省高级人民法院再审审查驳回了某变压器公司的再审申请。

【典型意义】 平等保护各类市场主体合法权益是民商事审判的基本要求，不允许因为市场主体的身份不同而区别对待。本案某变压器公司隶属大型国有中央企业，某物流公司为河南省中小微民营企业。购销合同的订立和履行在2011年，某变压器公司迟至2019年才诉请主张支付剩余货款。该案获得支持后，某物流公司提起本案诉讼，要求某变压器公司支付当年逾期交货的违约金。对此，某变压器公司虽承认逾期交货的事实，但抗辩主张其是因为需要提前履行其他合同才导致本案合同延迟交货。某变压器公司认为，需要提前履行的其他合同涉及国家重点工程暨公共利益，属于不可抗力，因此某变压器公司不应承担违约责任。对此，法院认为，某变压器公司作为市场经济主体，应当根据其生产能力，按照订单难易程度等科学合理地安排生产，其对于合同的正常履约应在合同签订时即有所预见，出现不同订单之间的时间冲突也并非完全不能避免和克服，其完全可以通过其他市场经济手段（如追加投入扩大产能、进行延期谈判合理变更合同、支付违约金等方式）予以规避，而不能将市场经营风险等同于不可抗力进而试图逃避违约责任。因此，法院认定某变压器公司迟延履行交货义务的行为构成违约行为，应当承担违约责任。该判决既保护了中小微企业的合法利益，又引导企业尊重市场规则和合同约定，彰显了法院在民商事案件审理中坚持依法平等、全面保护各类市场主体的合法权益，优化了市场化法治化营商环境。

【案件案号】一审：陕西省西安市莲湖区人民法院（2020）陕0104民初414号；二审：陕西省西安市中级人民法院（2020）陕01民终9472号；再审审查：陕西省高级人民法院（2021）陕民申1670号。

案例6：北京某广告公司等与北京某数字技术公司广告合同纠纷案

【具体举措】北京某广告公司（以下简称某广告公司）等因与

北京某数字技术公司（以下简称某数字技术公司）合同纠纷案，向法院提出 7871 万元诉前财产保全，要求某数字技术公司支付 42 份广告合同款。某数字技术公司收到保全裁定书及起诉书后提出复议申请，称涉案 42 份合同款项大部分已经支付。北京市海淀区人民法院就诉前财产保全组织听证，充分了解争议焦点和双方实际诉求，虽冻结了某数字技术公司款项 7871 万元，但经过法院充分释明经营及法律风险，双方当事人达成调解意向。在调解款项支付环节，出现了某广告公司坚持先付款再解封而某数字技术公司因大额资金被冻结无力筹措应付款项的僵局。海淀区法院根据某数字技术公司支付情况，以 566 万元为单元、共计 14 次逐笔解封，相应解封款逐笔支付至某广告公司账户，前期保全资金顺利转化为和解款。

【典型意义】司法实践中，大额资金被冻结对企业生产经营会产生非常明显的影响，特别是资金链脆弱的中小微民营企业，冻结大额资金有可能对被保全企业产生颠覆性的影响，造成原、被告双方两败俱伤。本案海淀区法院虽然也对大额资金采取了保全措施，但创新了"以保促调，滚动解封"的工作机制，畅通保全、调解、执行衔接机制，加速盘活执行资金、以细致及时的司法工作助力民营企业发展。其中，"滚动解封"既保障了债权人的权利，又给债务人偿还债务的喘息机会，有效解决了大标的额被执行人无流动资金还款与申请执行人不愿承担先行解封风险的困境。

【案件案号】北京市海淀区人民法院（2021）京 0108 民初 7185 号

案例 7：浙江省嘉兴市桐乡人民法院上线"活查封"管理应用，实现动产保全"数智化"

【具体举措】浙江省嘉兴市桐乡市人民法院创新运用 5G+AI+

LBS+区块链技术，实现动产"活查封""数智化"。具体做法是，法院在保管场地安装视频监控设备取代传统的封条查封，确保查封设备可正常使用，生产经营"不中断"运行。同时，5G网络实现了图像、视频的回传和留存，法官在手机端即可查看动产状态。监测区域内使用移动通信基站LBS定位技术，当设备位置发生改变时，系统即时发出预警，避免保全财产被恶意转移。运用区块链技术，对区域内的机器设备数量、位置、外观进行图像固化并上传链接，将整个保全过程同步摄录并上传至"云上物证室"，确保保全数据可信任可追溯、保全行为规范可信。

【典型意义】随着智慧法院建设的深入推进，近年来各级法院越来越重视将技术创新与司法审判深度融合，善意文明执法，彰显司法温度。作为传统执行手段之一，"活查封"的保全方式既保障了原告的诉讼权利，又保住了被告企业的造血功能，避免了因保全措施影响生产经营而加剧原、被告之间的矛盾。但"活查封"也存在财产容易被转移和价值贬损的弊端风险，实践中法院使用"活查封"比较慎重。新的"数智化"动产"活查封"保全，相较于传统的贴封条、派监管的动产保全方式，更为高效、可靠，对被保全企业的生产、商誉各方面影响更小。"活查封"运用"数智化"手段，最大限度体现了执行善意，减少了保全查封对公司正常经营的影响。

案例8：广东省广州市中级人民法院推行民商事案件先行判决，促进当事人合法权益及时兑现

【具体举措】广东省广州市中级人民法院（以下简称广州中院）自2020年6月起试行先行判决机制。先行判决机制以《民事诉讼

法》第 153 条为法律依据，先通过审查诉讼请求进行二次繁简分流个案，对诉讼请求对应事实已查清且可独立裁判的部分先行判决，当事人可在先行判决部分生效后向对应的法院先行申请执行。其他诉讼请求待相关事实进一步查实后，通过后续判决解决。法院在审理中要注意先行判决与后续判决的判决方向一致、内容完整。

【典型意义】《民事诉讼法》第 153 条规定，人民法院审理的案件，其中一部分事实已经清楚的，可以就该部分先行判决，从而确立了先行判决制度。但规定在实践中较少运用，且即便法院作出了先行判决，是否允许对该部分先行判决申请执行，实践中也存在不同认识。广州中院活用先行判决机制，充分发挥审判职能作用，切实提升了商事案件诉讼效率。且先行判决对于支持实体经济恢复发展，助力中小企业渡过难关，保障民营经济社会持续向稳向好蓬勃发展，促进当事人合法权益及时保障兑现，成效明显。截至 2021 年 7 月 21 日，广州中院作出先行判决的平均审理周期为 57 天，取得部分权利时间平均提速 34.96%，单次最快提速达 65.88%，先行判决金额共计 8500 万余元。

案例 9：北京、江苏、浙江、广东等地法院与工商联建立民营企业产权保护社会化服务体系

【具体举措】江苏省高级人民法院 2020 年与江苏省工商联签订服务保障民营经济健康发展协作机制的框架协议，持续加大商会商事调解工作推进力度，吸纳更多的商事领域有经验、有威望的商会领导、民营企业家参与商事调解，鼓励各地积极争取党委政府经费支持，拓宽商会组织调解经费来源，切实提高经费保障水平。

广州互联网法院推广"枫桥 E 站"解纷站点，创新发展新时代

在线诉源治理、多元解纷模式。推动企业建立结合企业自身特点的智能合约自动履行解决方案，探索建立将当事人的履约行为与本企业所设信用评价体系挂钩的机制，完善互联网诉源治理体系。

北京市石景山区人民法院充分发挥区工商联桥梁纽带作用，共同开展产权司法保护调研及法治宣传，建立定期信息共享、案例通报及会商长效机制，畅通与民营企业家联系渠道，推动民营企业产权保护形成整体合力。

浙江省嘉兴市南湖区人民法院与区工商联调委会组建优秀企业家在内的调解队伍，入驻县级社会矛盾调解中心，法院加强业务指导，通过平台对接直接指导调解员开展线下调解，构建"线下调解+线上确认"工作新模式，提供"一站式"服务。

【典型意义】工商联所属商会是以非公有制企业和非公有制经济人士为主体，由工商联作为业务主管单位的社会组织。按照中共中央《关于促进工商联所属商会改革和发展的实施意见》，商会要继续完善职能作用、创新经济服务工作、强化守法诚信和社会责任，加大商会商事调解工作力度，是深化商会改革和发展的一项重要举措。典型案例选取了江苏高院、广州互联网法院、北京市石景山区法院、浙江嘉兴南湖区法院四个典型。

江苏全省现已设立商会调解组织 332 个，聘用调解人员 1528 名，调解力量不断壮大。全省各类商会调解组织共有效化解商事纠纷 3757 件，化解标的金额 10.27 亿元。

广州互联网法院 2021 年在各类互联网平台之外，另在多个平台增设"枫桥 E 站"4 个，调解互联网民营经济领域纠纷 9236 件。

2020 年 6 月到 2021 年 6 月，北京市石景山区法院民营企业产权保护调解室已成功调解涉区工商联所属商会会员企业产权矛盾 165

件，平均调解时长28天。

自2020年6月嘉兴市南湖区工商联调委会成立以来，共调处案件904件，调解成功574件，调解成功率达63.4%，涉案标的近1.6亿元，调解成功标的近1.5亿元，为企业节约诉讼成本超过100万元。

从高院、中院到基层法院，人民法院与工商联建立民营企业产权保护社会化服务体系，均取得了良好的效果，对促进矛盾纠纷化解、民营经济保护起到了非常积极的作用。

最高人民法院促进民营经济发展典型刑事案例[①]

（2025年6月9日）

一、燕某、孙某非国家工作人员受贿案
——依法惩治民营企业工作人员受贿犯罪

【基本案情】

被告人燕某系某资本控股股份有限公司（以下简称某控股公司）总经理、董事，主持公司的生产经营管理工作；被告人孙某系某控股公司董事，负责联系金融机构。2014年，某医药公司实际控制人李某林（另案处理）为与某控股公司就应收账款债权业务达成合作，提出按照融资金额的5%向燕某、孙某支付"业务提成"。燕某、孙某同意，并约定由二人均分"业务提成"。在业务开展过程中，燕某在明知应收账款发票无法核查、应收账款回款路径与合同约定不符、财产确权存在瑕疵的情况下，仍多次帮助审批通过。孙某在联系金融机构、出席董事会表决过程中，专门出面予以解释。2014年12月至2018年4月，燕某、孙某二人共同收取"业务提成"共计5.6亿余元。

【裁判结果】

重庆市九龙坡区人民法院经审理认为，被告人燕某、孙某利用职务上的便利，非法收受他人财物，为他人谋取利益，数额巨大，

[①] 注：本部分案例经编辑加工，案例原文参见《最高人民法院发布促进民营经济发展典型刑事案例》，载最高人民法院网，https://www.court.gov.cn/zixun/xiangqing/467281.html，最后访问时间：2025年6月30日。

其行为均已构成非国家工作人员受贿罪。燕某具有自首情节，依法可以从轻处罚。故以非国家工作人员受贿罪分别判处燕某有期徒刑十四年十个月，并处没收财产人民币一亿元；判处孙某有期徒刑十五年，并处没收财产人民币一亿元；对燕某、孙某犯罪所得 5.6 亿余元及孳息予以追缴。一审宣判后，燕某、孙某提出上诉。重庆市第五中级人民法院裁定驳回上诉，维持原判。

【典型意义】

本案是人民法院依法惩治民营企业工作人员实施的非国家工作人员受贿犯罪的典型案例。民营经济是推进中国式现代化的生力军，是高质量发展的重要基础。人民法院要充分发挥职能作用，依法惩治民营企业工作人员受贿犯罪，保护民营企业合法权益不受侵犯。本案中，燕某、孙某作为某控股公司董事，收受行贿人给予的巨额财物，在明知债权融资存在明显瑕疵的情况下，为行贿人谋取利益，给某控股公司造成巨额经济损失，具有严重的社会危害性。人民法院对二被告人分别判处有期徒刑十五年和十四年十个月，均并处没收财产一亿元，依法追缴犯罪所得 5.6 亿余元及孳息，释放了人民法院坚决依法惩治民营企业工作人员受贿犯罪的强烈信号，同时也警示我们，民营企业工作人员非法收受贿赂和国家工作人员受贿一样，都是犯罪行为，都要被定罪量刑并追缴犯罪所得，最后终将是"竹篮打水一场空"。

二、石某玉非国家工作人员受贿、职务侵占案
——依法惩治互联网企业工作人员腐败犯罪

【基本案情】

被告人石某玉系某在线网络技术有限公司（以下简称某网络公司）工作人员，负责产品设计、客户需求挖掘、合作方案推进等工

作。2014 至 2019 年，石某玉利用职务上的便利，引入乙公司与某网络公司合作开展虚拟币奖励业务，非法收受乙公司给予的财物共计 608 万元。2016 年 6 月至 12 月，石某玉利用职务上的便利，在某网络公司与乙公司合作开展的虚拟币业务中，通过某网络公司多个账号将部分虚拟币变现并转入其控制的个人银行账户，非法占有某网络公司财物共计 366 万元。

【裁判结果】

北京市海淀区人民法院经审理认为，被告人石某玉作为某网络公司工作人员，利用职务上的便利，非法收受他人财物，为他人谋取利益，数额巨大，其行为已构成非国家工作人员受贿罪；石某玉利用职务上的便利，将本单位财物非法占为己有，数额巨大，其行为已构成职务侵占罪。综合考虑石某玉的犯罪事实、性质、情节和对社会的危害程度，以非国家工作人员受贿罪判处石某玉有期徒刑九年，以职务侵占罪判处石某玉有期徒刑六年，决定执行有期徒刑十二年；责令石某玉向某网络公司退赔 366 万元，依法追缴犯罪所得 608 万元。一审宣判后，石某玉提出上诉。北京市第一中级人民法院裁定驳回上诉，维持原判。

【典型意义】

本案是依法惩治互联网企业工作人员腐败犯罪的典型案例。互联网经济是我国经济发展的新动能，互联网企业是新质生产力的重要组成部分。依法惩治互联网企业工作人员腐败犯罪是促进互联网企业发展、服务新质生产力发展的重要方面。本案中，被告人石某玉利用职务上的便利，收受合作方财物，为合作方谋利；同时，利用职务上的便利，通过将虚拟币变现的方式侵占本单位财物，侵犯了某网络公司财产权益。人民法院对石某玉所犯非国家工作人员受贿罪、职务侵占罪数罪并罚，决定执行有期徒刑十二年，责令石某玉向某网络公司退赔 366 万元，并依法追缴犯罪所得 608 万元，充分体现人民法院依法惩治互联网企业腐败犯罪，助推互联网企业"挖蛀虫""打内鬼"，服务高质量发展的鲜明态度。同时也郑重宣示无论是国有企业还是民营企业，合法权益同样不可侵犯，同样受法律保护，侵犯民营企业合法权益的犯罪行为必将受到刑事制裁。

三、周某萍挪用资金案
——依法惩治民营企业工作人员挪用资金犯罪

【基本案情】

被告人周某萍系某商业连锁有限公司（以下简称某连锁公司）地区团购经理。2021 年 6 月，某连锁公司与某数字科技有限公司（以下简称某科技公司）签订一卡通商户合作协议，由周某萍具体负责项目开展。2021 年 11 月，周某萍将某连锁公司账户中的 487 万余元转入自己账户，并以挂账形式登记在与某科技公司的业务往来名下，转出钱款被周某萍用于归还个人所欠债务、日常开支及出借给他人。2022 年 3 月底，某连锁公司与某科技公司对账后发现账款存在大量差额，遂报案。次日，周某萍到公安机关主动投案。2022 年 8 月，周某萍退赔某连锁公司 13.8 万元。

【裁判结果】

江西省新余市渝水区人民法院经审理认为，被告人周某萍作为某连锁公司的工作人员，利用职务上的便利，挪用本单位资金 487 万余元归个人使用，数额巨大，且超过三个月未归还，其行为已构成挪用资金罪。周某萍具有自首等情节，依法可以从轻处罚。综合考虑周某萍的犯罪事实、性质、情节和对社会的危害程度，以挪用资金罪判处周某萍有期徒刑三年；责令周某萍向某连锁公司退赔 473 万余元。一审宣判后，在法定期限内没有上诉、抗诉，一审判决已发生法律效力。

【典型意义】

本案是人民法院依法惩治民营企业工作人员挪用资金犯罪的典型案例。资金是民营企业发展的血脉，资金安全是民营企业健康发展的重要前提。民营企业工作人员挪用本单位资金归个人使用，侵害了民营企业的资金使用收益权，也给民营企业的经营发展带来重大隐患，应依法予以惩治。本案中，被告人周某萍利用职务上的便利，挪用资金 487 万余元归个人使用，数额巨大，严重侵害了某连锁公司合法权益。人民法院依法对周某萍判处刑罚并责令退赔尚未归还的钱款，充分说明民营企业资金受法律保护，挪用民营企业资金归个人使用构成犯罪的，将要承担刑事责任、受到刑罚处罚。

四、张某剑强迫交易案
——依法惩治强迫交易犯罪

【基本案情】

被告人张某剑系某工程项目工作人员，负责门岗保卫、工地进料、施工安全等工作。2015 年至 2018 年，在入驻该项目的商户装修期间，张某剑以不向其购买水泥、沙土等装修材料就不能进场装修为由相威胁，强迫某装饰公司等多家商户从其处购买高于市场价格的水泥、沙石等装修材料，强迫交易数额共计 92 万余元。

【裁判结果】

河南省焦作市解放区人民法院经审理认为，被告人张某剑以威胁手段强卖商品，情节特别严重，其行为已构成强迫交易罪。张某剑的家属代为退缴犯罪所得，主动预缴罚金，可以酌情从轻处罚。

张某剑自愿认罪认罚，人民法院采纳检察机关量刑建议，以强迫交易罪判处张某剑有期徒刑三年二个月，并处罚金人民币二万元。一审宣判后，在法定期限内没有上诉、抗诉，一审判决已发生法律效力。

【典型意义】

本案是人民法院依法惩治强迫交易犯罪的典型案例。主体平等、交易自由、公平竞争是市场秩序的本质特征，也是民营企业发展的重要前提。本案中，被告人张某剑以威胁手段强迫多家商户购买高于市场价格的装修材料，不但侵害了商户合法权益，而且严重扰乱了市场秩序。人民法院依法惩治张某剑欺行霸市、强迫交易的犯罪行为并判处刑罚，发挥了警示作用，起到了震慑效果，有力维护了市场秩序，为民营企业专心创业、放心投资、安心经营构建了公平公正的市场环境。

五、廖某茂合同诈骗案
——依法惩治财务造假型合同诈骗犯罪

【基本案情】

被告人廖某茂系某科技有限公司（以下简称某科技公司）法定代表人。2015年起，廖某茂为增加某科技公司市值进而为高价转让作准备，安排公司财务、仓储等人员通过私刻交易相对方印章、伪造采购、销售单据及流水等方式虚增公司经营业绩。2016年12月，被害单位某机电股份有限公司（以下简称某机电公司）决定通过发行股份及支付现金方式收购某科技公司全部股份。为隐瞒真实业绩情况，在某机电公司委托中介机构进行调查时，廖某茂又采取截留询证函、伪造回复函证等方式，骗取某机电公司信任，致使某机电公司以34亿元收购某科技公司全部股份，廖某茂以其持有股份获得19

亿余元。经评估，某科技公司实际股权价值仅为 9.8 亿元，廖某茂通过财务造假手段取得的评估价值与真实价值的差额达 24.2 亿元。

【裁判结果】

江苏省南京市中级人民法院经审理认为，被告人廖某茂以非法占有为目的，在签订、履行合同过程中，骗取对方当事人财物，数额特别巨大，其行为已构成合同诈骗罪。综合考虑廖某茂的犯罪事实、性质、情节和对社会的危害程度，以合同诈骗罪判处廖某茂无期徒刑，剥夺政治权利终身，并处没收个人全部财产；依法追缴廖某茂犯罪所得 19 亿余元并发还被害单位。一审宣判后，廖某茂提出上诉。江苏省高级人民法院裁定驳回上诉，维持原判。

【典型意义】

本案是人民法院依法惩治通过财务造假实施合同诈骗犯罪的典型案例。社会主义市场经济是信用经济、法治经济。财务造假行为严重冲击投资者信心，损害广大投资者合法权益，破坏市场秩序，必须坚决予以惩治。本案中，被告人廖某茂违背诚信原则，通过财务造假的方式致使某机电公司在并购重组期间被骗，遭受数十亿元损失，经营发展受到严重影响。人民法院依法判处廖某茂无期徒刑，剥夺政治权利终身，并处没收个人全部财产，依法追缴犯罪所得并发还被害单位。对于财务造假型合同诈骗犯罪行为，人民法院既依法严惩，切实维护市场秩序和交易安全，又把追赃挽损摆在与定罪量刑同等重要的位置，不让犯罪分子从犯罪行为中获利，不让被害企业因犯罪行为受损。同时，本案也充分说明人民法院在审理涉企案件时，坚持依法平等保护与惩治，对所有市场主体犯罪行为在适用法律上一律平等，一视同仁地予以定罪量刑，切实做到对合法权益依法平等保护、违法犯罪一律依法惩治。

第三部分
民营经济法律法规速查

中华人民共和国民营经济促进法

(2025年4月30日第十四届全国人民代表大会常务委员会第十五次会议通过 2025年4月30日中华人民共和国主席令第46号公布 自2025年5月20日起施行)

目　　录

第一章　总　　则

第二章　公平竞争

第三章　投资融资促进

第四章　科技创新

第五章　规范经营

第六章　服务保障

第七章　权益保护

第八章　法律责任

第九章　附　　则

第一章　总　　则

第一条　为优化民营经济发展环境，保证各类经济组织公平参与市场竞争，促进民营经济健康发展和民营经济人士健康成长，构建高水平社会主义市场经济体制，发挥民营经济在国民经济和社会发展中的重要作用，根据宪法，制定本法。

第二条　促进民营经济发展工作坚持中国共产党的领导，坚持以人民为中心，坚持中国特色社会主义制度，确保民营经济发展的正确政治方向。

国家坚持和完善公有制为主体、多种所有制经济共同发展，按劳分配为主体、多种分配方式并存，社会主义市场经济体制等社会主义基本经济制度；毫不动摇巩固和发展公有制经济，毫不动摇鼓励、支持、引导非公有制经济发展；充分发挥市场在资源配置中的决定性作用，更好发挥政府作用。

第三条 民营经济是社会主义市场经济的重要组成部分，是推进中国式现代化的生力军，是高质量发展的重要基础，是推动我国全面建成社会主义现代化强国、实现中华民族伟大复兴的重要力量。促进民营经济持续、健康、高质量发展，是国家长期坚持的重大方针政策。

国家坚持依法鼓励、支持、引导民营经济发展，更好发挥法治固根本、稳预期、利长远的保障作用。

国家坚持平等对待、公平竞争、同等保护、共同发展的原则，促进民营经济发展壮大。民营经济组织与其他各类经济组织享有平等的法律地位、市场机会和发展权利。

第四条 国务院和县级以上地方人民政府将促进民营经济发展工作纳入国民经济和社会发展规划，建立促进民营经济发展工作协调机制，制定完善政策措施，协调解决民营经济发展中的重大问题。

国务院发展改革部门负责统筹协调促进民营经济发展工作。国务院其他有关部门在各自职责范围内，负责促进民营经济发展相关工作。

县级以上地方人民政府有关部门依照法律法规和本级人民政府确定的职责分工，开展促进民营经济发展工作。

第五条 民营经济组织及其经营者应当拥护中国共产党的领导，坚持中国特色社会主义制度，积极投身社会主义现代化强国建设。

国家加强民营经济组织经营者队伍建设，加强思想政治引领，发挥其在经济社会发展中的重要作用；培育和弘扬企业家精神，引导民营经济组织经营者践行社会主义核心价值观，爱国敬业、守法经营、创业创新、回报社会,坚定做中国特色社会主义的建设者、中国式现代化的促进者。

第六条 民营经济组织及其经营者从事生产经营活动,应当遵守法律法规,遵守社会公德、商业道德、诚实守信、公平竞争,履行社会责任,保障劳动者合法权益,维护国家利益和社会公共利益,接受政府和社会监督。

第七条 工商业联合会发挥在促进民营经济健康发展和民营经济人士健康成长中的重要作用,加强民营经济组织经营者思想政治建设,引导民营经济组织依法经营,提高服务民营经济水平。

第八条 加强对民营经济组织及其经营者创新创造等先进事迹的宣传报道,支持民营经济组织及其经营者参与评选表彰,引导形成尊重劳动、尊重创造、尊重企业家的社会环境,营造全社会关心、支持、促进民营经济发展的氛围。

第九条 国家建立健全民营经济统计制度,对民营经济发展情况进行统计分析,定期发布有关信息。

第二章 公平竞争

第十条 国家实行全国统一的市场准入负面清单制度。市场准入负面清单以外的领域,包括民营经济组织在内的各类经济组织可以依法平等进入。

第十一条 各级人民政府及其有关部门落实公平竞争审查制度,制定涉及经营主体生产经营活动的政策措施应当经过公平竞争审查,并定期评估,及时清理、废除含有妨碍全国统一市场和公平竞争内容的政策措施,保障民营经济组织公平参与市场竞争。

市场监督管理部门负责受理对违反公平竞争审查制度政策措施的举报,并依法处理。

第十二条 国家保障民营经济组织依法平等使用资金、技术、人力资源、数据、土地及其他自然资源等各类生产要素和公共服务资源，依法平等适用国家支持发展的政策。

第十三条 各级人民政府及其有关部门依照法定权限，在制定、实施政府资金安排、土地供应、排污指标、公共数据开放、资质许可、标准制定、项目申报、职称评定、评优评先、人力资源等方面的政策措施时，平等对待民营经济组织。

第十四条 公共资源交易活动应当公开透明、公平公正，依法平等对待包括民营经济组织在内的各类经济组织。

除法律另有规定外，招标投标、政府采购等公共资源交易不得有限制或者排斥民营经济组织的行为。

第十五条 反垄断和反不正当竞争执法机构按照职责权限，预防和制止市场经济活动中的垄断、不正当竞争行为，对滥用行政权力排除、限制竞争的行为依法处理，为民营经济组织提供良好的市场环境。

第三章 投资融资促进

第十六条 支持民营经济组织参与国家重大战略和重大工程。支持民营经济组织在战略性新兴产业、未来产业等领域投资和创业，鼓励开展传统产业技术改造和转型升级，参与现代化基础设施投资建设。

第十七条 国务院有关部门根据国家重大发展战略、发展规划、产业政策等，统筹研究制定促进民营经济投资政策措施，发布鼓励民营经济投资重大项目信息，引导民营经济投资重点领域。

民营经济组织投资建设符合国家战略方向的固定资产投资项目，依法享受国家支持政策。

第十八条 支持民营经济组织通过多种方式盘活存量资产，提高再投资能力，提升资产质量和效益。

各级人民政府及其有关部门支持民营经济组织参与政府和社会资本合作项目。政府和社会资本合作项目应当合理设置双方权利义务，明确投资收益获得方式、风险分担机制、纠纷解决方式等事项。

第十九条 各级人民政府及其有关部门在项目推介对接、前期工作和报建审批事项办理、要素获取和政府投资支持等方面，为民营经济组织投资提供规范高效便利的服务。

第二十条 国务院有关部门依据职责发挥货币政策工具和宏观信贷政策的激励约束作用，按照市场化、法治化原则，对金融机构向小型微型民营经济组织提供金融服务实施差异化政策，督促引导金融机构合理设置不良贷款容忍度、建立健全尽职免责机制、提升专业服务能力，提高为民营经济组织提供金融服务的水平。

第二十一条 银行业金融机构等依据法律法规，接受符合贷款业务需要的担保方式，并为民营经济组织提供应收账款、仓单、股权、知识产权等权利质押贷款。

各级人民政府及其有关部门应当为动产和权利质押登记、估值、交易流通、信息共享等提供支持和便利。

第二十二条 国家推动构建完善民营经济组织融资风险的市场化分担机制，支持银行业金融机构与融资担保机构有序扩大业务合作，共同服务民营经济组织。

第二十三条 金融机构在依法合规前提下，按照市场化、可持续发展原则开发和提供适合民营经济特点的金融产品和服务，为资信良好的民营经济组织融资提供便利条件，增强信贷供给、贷款周期与民营经济组织融资需求、资金使用周期的适配性，提升金融服务可获得性和便利度。

第二十四条 金融机构在授信、信贷管理、风控管理、服务收费等方面应当平等对待民营经济组织。

金融机构违反与民营经济组织借款人的约定，单方面增加发放贷款条件、中止发放贷款或者提前收回贷款的，依法承担违约责任。

第二十五条 健全多层次资本市场体系，支持符合条件的民营经济组织通过发行股票、债券等方式平等获得直接融资。

第二十六条 建立健全信用信息归集共享机制，支持征信机构为民营经济组织融资提供征信服务，支持信用评级机构优化民营经济组织的评级方法，增加信用评级有效供给，为民营经济组织获得融资提供便利。

第四章　科技创新

第二十七条 国家鼓励、支持民营经济组织在推动科技创新、培育新质生产力、建设现代化产业体系中积极发挥作用。引导民营经济组织根据国家战略需要、行业发展趋势和世界科技前沿，加强基础性、前沿性研究，开发关键核心技术、共性基础技术和前沿交叉技术，推动科技创新和产业创新融合发展，催生新产业、新模式、新动能。

引导非营利性基金依法资助民营经济组织开展基础研究、前沿技术研究和社会公益性技术研究。

第二十八条 支持民营经济组织参与国家科技攻关项目，支持有能力的民营经济组织牵头承担国家重大技术攻关任务，向民营经济组织开放国家重大科研基础设施，支持公共研究开发平台、共性技术平台开放共享，为民营经济组织技术创新平等提供服务，鼓励各类企业和高等学校、科研院所、职业学校与民营经济组织创新合作机制，开展技术交流和成果转移转化，推动产学研深度融合。

第二十九条 支持民营经济组织依法参与数字化、智能化共性技术研发和数据要素市场建设，依法合理使用数据，对开放的公共数据资源依法进行开发利用，增强数据要素共享性、普惠性、安全性，充分发挥数据赋能作用。

第三十条 国家保障民营经济组织依法参与标准制定工作，强化标准制定的信息公开和社会监督。

国家为民营经济组织提供科研基础设施、技术验证、标准规范、质量认证、检验检测、知识产权、示范应用等方面的服务和便利。

第三十一条 支持民营经济组织加强新技术应用，开展新技术、新产品、新服务、新模式应用试验，发挥技术市场、中介服务机构作用，通过多种方式推动科技成果应用推广。

鼓励民营经济组织在投资过程中基于商业规则自愿开展技术合作。技术合作的条件由投资各方遵循公平原则协商确定。

第三十二条 鼓励民营经济组织积极培养使用知识型、技能型、创新型人才，在关键岗位、关键工序培养使用高技能人才，推动产业工人队伍建设。

第三十三条 国家加强对民营经济组织及其经营者原始创新的保护。加大创新成果知识产权保护力度，实施知识产权侵权惩罚性赔偿制度，依法查处侵犯商标专用权、专利权、著作权和侵犯商业秘密、仿冒混淆等违法行为。

加强知识产权保护的区域、部门协作，为民营经济组织提供知识产权快速协同保护、多元纠纷解决、维权援助以及海外知识产权纠纷应对指导和风险预警等服务。

第五章　规 范 经 营

第三十四条 民营经济组织中的中国共产党的组织和党员，按照中国共产党章程和有关党内法规开展党的活动，在促进民营经济组织健康发展中发挥党组织的政治引领作用和党员先锋模范作用。

第三十五条 民营经济组织应当围绕国家工作大局，在发展经济、扩大就业、改善民生、科技创新等方面积极发挥作用，为满足人民日益增长的美好生活需要贡献力量。

第三十六条 民营经济组织从事生产经营活动应当遵守劳动用工、安全生产、职业卫生、社会保障、生态环境、质量标准、知识产权、网络和数据安全、财政税收、金融等方面的法律法规；不得通过贿赂和欺诈等手段牟取不正当利益，不得妨害市场和金融秩序、破坏生态环境、损害劳动者合法权益和社会公共利益。

国家机关依法对民营经济组织生产经营活动实施监督管理。

第三十七条 支持民营资本服务经济社会发展，完善资本行为制度规则，依法规范和引导民营资本健康发展，维护社会主义市场经济秩序和社会公共利益。支持民营经济组织加强风险防范管理，鼓励民营经济组织做优主业、做强实业，提升核心竞争力。

第三十八条 民营经济组织应当完善治理结构和管理制度、规范经营者行为、强化内部监督，实现规范治理；依法建立健全以职工代表大会为基本形式的民主管理制度。鼓励有条件的民营经济组织建立完善中国特色现代企业制度。

民营经济组织中的工会等群团组织依照法律和章程开展活动，加强职工思想政治引领，维护职工合法权益，发挥在企业民主管理中的作用，推动完善企业工资集体协商制度，促进构建和谐劳动关系。

民营经济组织的组织形式、组织机构及其活动准则，适用《中华人民共和国公司法》、《中华人民共和国合伙企业法》、《中华人民共和国个人独资企业法》等法律的规定。

第三十九条 国家推动构建民营经济组织源头防范和治理腐败的体制机制，支持引导民营经济组织建立健全内部审计制度，加强廉洁风险防控，推动民营经济组织提升依法合规经营管理水平，及时预防、发现、治理经营中违法违规等问题。

民营经济组织应当加强对工作人员的法治教育，营造诚信廉洁、守法合规的文化氛围。

第四十条 民营经济组织应当依照法律、行政法规和国家统一的会计制度，加强财务管理，规范会计核算，防止财务造假，并区分民营经济组织生产经营收支与民营经济组织经营者个人收支，实现民营经济组织财产与民营经济组织经营者个人财产分离。

第四十一条 支持民营经济组织通过加强技能培训、扩大吸纳就业、完善工资分配制度等，促进员工共享发展成果。

第四十二条 探索建立民营经济组织的社会责任评价体系和激励机制，鼓励、引导民营经济组织积极履行社会责任，自愿参与公益慈善事业、应急救灾等活动。

第四十三条 民营经济组织及其经营者在海外投资经营应当遵守所在国家或者地区的法律，尊重当地习俗和文化传统，维护国家形象，不得从事损害国家安全和国家利益的活动。

第六章 服 务 保 障

第四十四条 国家机关及其工作人员在促进民营经济发展工作中，应当依法履职尽责。国家机关工作人员与民营经济组织经营者在工作交往中，应当遵纪守法，保持清正廉洁。

各级人民政府及其有关部门建立畅通有效的政企沟通机制，及时听取包括民营经济组织在内各类经济组织的意见建议，解决其反映的合理问题。

第四十五条 国家机关制定与经营主体生产经营活动密切相关的法律、法规、规章和其他规范性文件，最高人民法院、最高人民检察院作出属于审判、检察工作中具体应用法律的相关解释，或者作出有关重大决策，应当注重听取包括民营经济组织在内各类经济组织、行业协会商会的意见建议；在实施前应当根据实际情况留出必要的适应调整期。

根据《中华人民共和国立法法》的规定，与经营主体生产经营活动密切相关的法律、法规、规章和其他规范性文件，属于审判、检察工作中具体应用法律的解释，不溯及既往，但为了更好地保护公民、法人和其他组织的权利和利益而作的特别规定除外。

第四十六条 各级人民政府及其有关部门应当及时向社会公开涉及经营主体的优惠政策适用范围、标准、条件和申请程序等，为民营经济组织申请享受有关优惠政策提供便利。

第四十七条 各级人民政府及其有关部门制定鼓励民营经济组织创业的政策，提供公共服务，鼓励创业带动就业。

第四十八条 登记机关应当为包括民营经济组织在内的各类经济组织提供依法合规、规范统一、公开透明、便捷高效的设立、变更、注销等登记服务，降低市场进入和退出成本。

个体工商户可以自愿依法转型为企业。登记机关、税务机关和有关部门为个体工商户转型为企业提供指引和便利。

第四十九条 鼓励、支持高等学校、科研院所、职业学校、公共实训基地和各类职业技能培训机构创新人才培养模式，加强职业教育和培训，培养符合民营经济高质量发展需求的专业人才和产业工人。

人力资源和社会保障部门建立健全人力资源服务机制，搭建用工和求职信息对接平台，为民营经济组织招工用工提供便利。

各级人民政府及其有关部门完善人才激励和服务保障政策措施，畅通民营经济组织职称评审渠道，为民营经济组织引进、培养高层次及紧缺人才提供支持。

第五十条 行政机关坚持依法行政。行政机关开展执法活动应当避免或者尽量减少对民营经济组织正常生产经营活动的影响，并对其合理、合法诉求及时响应、处置。

第五十一条 对民营经济组织及其经营者违法行为的行政处罚应当按照与其他经济组织及其经营者同等原则实施。对违法行为依法需要实施行政处罚或者采取其他措施的，应当与违法行为的事实、性质、情节以及社会危害程度相当。违法行为具有《中华人民共和国行政处罚法》

规定的从轻、减轻或者不予处罚情形的，依照其规定从轻、减轻或者不予处罚。

第五十二条 各级人民政府及其有关部门推动监管信息共享互认，根据民营经济组织的信用状况实施分级分类监管，提升监管效能。

除直接涉及公共安全和人民群众生命健康等特殊行业、重点领域依法依规实行全覆盖的重点监管外，市场监管领域相关部门的行政检查应当通过随机抽取检查对象、随机选派执法检查人员的方式进行，抽查事项及查处结果及时向社会公开。针对同一检查对象的多个检查事项，应当尽可能合并或者纳入跨部门联合检查范围。

第五十三条 各级人民政府及其有关部门建立健全行政执法违法行为投诉举报处理机制，及时受理并依法处理投诉举报，保护民营经济组织及其经营者合法权益。

司法行政部门建立涉企行政执法诉求沟通机制，组织开展行政执法检查，加强对行政执法活动的监督，及时纠正不当行政执法行为。

第五十四条 健全失信惩戒和信用修复制度。实施失信惩戒，应当依照法律、法规和有关规定，并根据失信行为的事实、性质、轻重程度等采取适度的惩戒措施。

民营经济组织及其经营者纠正失信行为、消除不良影响、符合信用修复条件的，可以提出信用修复申请。有关国家机关应当依法及时解除惩戒措施，移除或者终止失信信息公示，并在相关公共信用信息平台实现协同修复。

第五十五条 建立健全矛盾纠纷多元化解机制，为民营经济组织维护合法权益提供便利。

司法行政部门组织协调律师、公证、司法鉴定、基层法律服务、人民调解、商事调解、仲裁等相关机构和法律咨询专家，参与涉及民营经济组织纠纷的化解，为民营经济组织提供有针对性的法律服务。

第五十六条 有关行业协会商会依照法律、法规和章程，发挥协调和自律作用，及时反映行业诉求，为民营经济组织及其经营者提供信息咨询、宣传培训、市场拓展、权益保护、纠纷处理等方面的服务。

第五十七条 国家坚持高水平对外开放，加快构建以国内大循环为主体、国内国际双循环相互促进的新发展格局；支持、引导民营经济组织拓展国际交流合作，在海外依法合规开展投资经营等活动；加强法律、金融、物流等海外综合服务，完善海外利益保障机制，维护民营经济组织及其经营者海外合法权益。

第七章 权益保护

第五十八条 民营经济组织及其经营者的人身权利、财产权利以及经营自主权等合法权益受法律保护，任何单位和个人不得侵犯。

第五十九条 民营经济组织的名称权、名誉权、荣誉权和民营经济组织经营者的名誉权、荣誉权、隐私权、个人信息等人格权益受法律保护。

任何单位和个人不得利用互联网等传播渠道，以侮辱、诽谤等方式恶意侵害民营经济组织及其经营者的人格权益。网络服务提供者应当依照有关法律法规规定，加强网络信息内容管理，建立健全投诉、举报机制，及时处置恶意侵害当事人合法权益的违法信息，并向有关主管部门报告。

人格权益受到恶意侵害的民营经济组织及其经营者有权依法向人民法院申请采取责令行为人停止有关行为的措施。民营经济组织及其经营者的人格权益受到恶意侵害致使民营经济组织生产经营、投资融资等活动遭受实际损失的，侵权人依法承担赔偿责任。

第六十条 国家机关及其工作人员依法开展调查或者要求协助调查，应当避免或者尽量减少对正常生产经营活动产生影响。实施限制人身自由的强制措施，应当严格依照法定权限、条件和程序进行。

第六十一条 征收、征用财产，应当严格依照法定权限、条件和程序进行。

为了公共利益的需要，依照法律规定征收、征用财产的，应当给予公平、合理的补偿。

任何单位不得违反法律、法规向民营经济组织收取费用，不得实施没有法律、法规依据的罚款，不得向民营经济组织摊派财物。

第六十二条 查封、扣押、冻结涉案财物，应当遵守法定权限、条件和程序，严格区分违法所得、其他涉案财物与合法财产，民营经济组织财产与民营经济组织经营者个人财产，涉案人财产与案外人财产，不得超权限、超范围、超数额、超时限查封、扣押、冻结财物。对查封、扣押的涉案财物，应当妥善保管。

第六十三条 办理案件应当严格区分经济纠纷与经济犯罪，遵守法律关于追诉期限的规定；生产经营活动未违反刑法规定的，不以犯罪论处；事实不清、证据不足或者依法不追究刑事责任的，应当依法撤销案件、不起诉、终止审理或者宣告无罪。

禁止利用行政或者刑事手段违法干预经济纠纷。

第六十四条 规范异地执法行为，建立健全异地执法协助制度。办理案件需要异地执法的，应当遵守法定权限、条件和程序。国家机关之间对案件管辖有争议的，可以进行协商，协商不成的，提请共同的上级机关决定，法律另有规定的从其规定。

禁止为经济利益等目的滥用职权实施异地执法。

第六十五条 民营经济组织及其经营者对生产经营活动是否违法，以及国家机关实施的强制措施存在异议的，可以依法向有关机关反映情况、申诉，依法申请行政复议、提起诉讼。

第六十六条 检察机关依法对涉及民营经济组织及其经营者的诉讼活动实施法律监督，及时受理并审查有关申诉、控告。发现存在违法情形的，应当依法提出抗诉、纠正意见、检察建议。

第六十七条 国家机关、事业单位、国有企业应当依法或者依合同约定及时向民营经济组织支付账款，不得以人员变更、履行内部付款流程或者在合同未作约定情况下以等待竣工验收批复、决算审计等为由，拒绝或者拖延支付民营经济组织账款；除法律、行政法规另有规定外，不得强制要求以审计结果作为结算依据。

审计机关依法对国家机关、事业单位和国有企业支付民营经济组织账款情况进行审计监督。

第六十八条 大型企业向中小民营经济组织采购货物、工程、服务等，应当合理约定付款期限并及时支付账款，不得以收到第三方付款作为向中小民营经济组织支付账款的条件。

人民法院对拖欠中小民营经济组织账款案件依法及时立案、审理、执行，可以根据自愿和合法的原则进行调解，保障中小民营经济组织合法权益。

第六十九条 县级以上地方人民政府应当加强账款支付保障工作，预防和清理拖欠民营经济组织账款；强化预算管理，政府采购项目应当严格按照批准的预算执行；加强对拖欠账款处置工作的统筹指导，对有争议的鼓励各方协商解决，对存在重大分歧的组织协商、调解。协商、调解应当发挥工商业联合会、律师协会等组织的作用。

第七十条 地方各级人民政府及其有关部门应当履行依法向民营经济组织作出的政策承诺和与民营经济组织订立的合同，不得以行政区划调整、政府换届、机构或者职能调整以及相关人员更替等为由违约、毁约。

因国家利益、社会公共利益需要改变政策承诺、合同约定的，应当依照法定权限和程序进行，并对民营经济组织因此受到的损失予以补偿。

第八章 法律责任

第七十一条 违反本法规定，有下列情形之一的，由有权机关责令改正，造成不良后果或者影响的，对负有责任的领导人员和直接责任人员依法给予处分：

（一）未经公平竞争审查或者未通过公平竞争审查出台政策措施；

（二）在招标投标、政府采购等公共资源交易中限制或者排斥民营经济组织。

第七十二条　违反法律规定实施征收、征用或者查封、扣押、冻结等措施的，由有权机关责令改正，造成损失的，依法予以赔偿；造成不良后果或者影响的，对负有责任的领导人员和直接责任人员依法给予处分。

违反法律规定实施异地执法的，由有权机关责令改正，造成不良后果或者影响的，对负有责任的领导人员和直接责任人员依法给予处分。

第七十三条　国家机关、事业单位、国有企业违反法律、行政法规规定或者合同约定，拒绝或者拖延支付民营经济组织账款，地方各级人民政府及其有关部门不履行向民营经济组织依法作出的政策承诺、依法订立的合同的，由有权机关予以纠正，造成损失的，依法予以赔偿；造成不良后果或者影响的，对负有责任的领导人员和直接责任人员依法给予处分。

大型企业违反法律、行政法规规定或者合同约定，拒绝或者拖延支付中小民营经济组织账款的，依法承担法律责任。

第七十四条　违反本法规定，侵害民营经济组织及其经营者合法权益，其他法律、法规规定行政处罚的，从其规定；造成人身损害或者财产损失的，依法承担民事责任；构成犯罪的，依法追究刑事责任。

第七十五条　民营经济组织及其经营者生产经营活动违反法律、法规规定，由有权机关责令改正，依法予以行政处罚；造成人身损害或者财产损失的，依法承担民事责任；构成犯罪的，依法追究刑事责任。

第七十六条　民营经济组织及其经营者采取欺诈等不正当手段骗取表彰荣誉、优惠政策等的，应当撤销已获表彰荣誉、取消享受的政策待遇，依法予以处罚；构成犯罪的，依法追究刑事责任。

第九章　附　　则

第七十七条　本法所称民营经济组织,是指在中华人民共和国境内依法设立的由中国公民控股或者实际控制的营利法人、非法人组织和个体工商户,以及前述组织控股或者实际控制的营利法人、非法人组织。

民营经济组织涉及外商投资的,同时适用外商投资法律法规的相关规定。

第七十八条　本法自 2025 年 5 月 20 日起施行。

中华人民共和国中小企业促进法

（2002年6月29日第九届全国人民代表大会常务委员会第二十八次会议通过　2017年9月1日第十二届全国人民代表大会常务委员会第二十九次会议修订　2017年9月1日中华人民共和国主席令第74号公布　自2018年1月1日起施行）

目　　录

第一章　总　　则
第二章　财税支持
第三章　融资促进
第四章　创业扶持
第五章　创新支持
第六章　市场开拓
第七章　服务措施
第八章　权益保护
第九章　监督检查
第十章　附　　则

第一章　总　　则

第一条　为了改善中小企业经营环境，保障中小企业公平参与市场竞争，维护中小企业合法权益，支持中小企业创业创新，促进中小企业健康发展，扩大城乡就业，发挥中小企业在国民经济和社会发展中的重要作用，制定本法。

第二条 本法所称中小企业，是指在中华人民共和国境内依法设立的，人员规模、经营规模相对较小的企业，包括中型企业、小型企业和微型企业。

中型企业、小型企业和微型企业划分标准由国务院负责中小企业促进工作综合管理的部门会同国务院有关部门，根据企业从业人员、营业收入、资产总额等指标，结合行业特点制定，报国务院批准。

第三条 国家将促进中小企业发展作为长期发展战略，坚持各类企业权利平等、机会平等、规则平等，对中小企业特别是其中的小型微型企业实行积极扶持、加强引导、完善服务、依法规范、保障权益的方针，为中小企业创立和发展创造有利的环境。

第四条 中小企业应当依法经营，遵守国家劳动用工、安全生产、职业卫生、社会保障、资源环境、质量标准、知识产权、财政税收等方面的法律、法规，遵循诚信原则，规范内部管理，提高经营管理水平；不得损害劳动者合法权益，不得损害社会公共利益。

第五条 国务院制定促进中小企业发展政策，建立中小企业促进工作协调机制，统筹全国中小企业促进工作。

国务院负责中小企业促进工作综合管理的部门组织实施促进中小企业发展政策，对中小企业促进工作进行宏观指导、综合协调和监督检查。

国务院有关部门根据国家促进中小企业发展政策，在各自职责范围内负责中小企业促进工作。

县级以上地方各级人民政府根据实际情况建立中小企业促进工作协调机制，明确相应的负责中小企业促进工作综合管理的部门，负责本行政区域内的中小企业促进工作。

第六条 国家建立中小企业统计监测制度。统计部门应当加强对中小企业的统计调查和监测分析，定期发布有关信息。

第七条 国家推进中小企业信用制度建设，建立社会化的信用信息征集与评价体系，实现中小企业信用信息查询、交流和共享的社会化。

第二章 财税支持

第八条 中央财政应当在本级预算中设立中小企业科目，安排中小企业发展专项资金。

县级以上地方各级人民政府应当根据实际情况，在本级财政预算中安排中小企业发展专项资金。

第九条 中小企业发展专项资金通过资助、购买服务、奖励等方式，重点用于支持中小企业公共服务体系和融资服务体系建设。

中小企业发展专项资金向小型微型企业倾斜，资金管理使用坚持公开、透明的原则，实行预算绩效管理。

第十条 国家设立中小企业发展基金。国家中小企业发展基金应当遵循政策性导向和市场化运作原则，主要用于引导和带动社会资金支持初创期中小企业，促进创业创新。

县级以上地方各级人民政府可以设立中小企业发展基金。

中小企业发展基金的设立和使用管理办法由国务院规定。

第十一条 国家实行有利于小型微型企业发展的税收政策，对符合条件的小型微型企业按照规定实行缓征、减征、免征企业所得税、增值税等措施，简化税收征管程序，减轻小型微型企业税收负担。

第十二条 国家对小型微型企业行政事业性收费实行减免等优惠政策，减轻小型微型企业负担。

第三章 融资促进

第十三条 金融机构应当发挥服务实体经济的功能，高效、公平地服务中小企业。

第十四条 中国人民银行应当综合运用货币政策工具，鼓励和引导金融机构加大对小型微型企业的信贷支持，改善小型微型企业融资环境。

第十五条 国务院银行业监督管理机构对金融机构开展小型微型企业金融服务应当制定差异化监管政策，采取合理提高小型微型企业不良贷款容忍度等措施，引导金融机构增加小型微型企业融资规模和比重，提高金融服务水平。

第十六条 国家鼓励各类金融机构开发和提供适合中小企业特点的金融产品和服务。

国家政策性金融机构应当在其业务经营范围内，采取多种形式，为中小企业提供金融服务。

第十七条 国家推进和支持普惠金融体系建设，推动中小银行、非存款类放贷机构和互联网金融有序健康发展，引导银行业金融机构向县域和乡镇等小型微型企业金融服务薄弱地区延伸网点和业务。

国有大型商业银行应当设立普惠金融机构，为小型微型企业提供金融服务。国家推动其他银行业金融机构设立小型微型企业金融服务专营机构。

地区性中小银行应当积极为其所在地的小型微型企业提供金融服务，促进实体经济发展。

第十八条 国家健全多层次资本市场体系，多渠道推动股权融资，发展并规范债券市场，促进中小企业利用多种方式直接融资。

第十九条 国家完善担保融资制度，支持金融机构为中小企业提供以应收账款、知识产权、存货、机器设备等为担保品的担保融资。

第二十条 中小企业以应收账款申请担保融资时，其应收账款的付款方，应当及时确认债权债务关系，支持中小企业融资。

国家鼓励中小企业及付款方通过应收账款融资服务平台确认债权债务关系，提高融资效率，降低融资成本。

第二十一条　县级以上人民政府应当建立中小企业政策性信用担保体系，鼓励各类担保机构为中小企业融资提供信用担保。

第二十二条　国家推动保险机构开展中小企业贷款保证保险和信用保险业务，开发适应中小企业分散风险、补偿损失需求的保险产品。

第二十三条　国家支持征信机构发展针对中小企业融资的征信产品和服务，依法向政府有关部门、公用事业单位和商业机构采集信息。

国家鼓励第三方评级机构开展中小企业评级服务。

第四章　创业扶持

第二十四条　县级以上人民政府及其有关部门应当通过政府网站、宣传资料等形式，为创业人员免费提供工商、财税、金融、环境保护、安全生产、劳动用工、社会保障等方面的法律政策咨询和公共信息服务。

第二十五条　高等学校毕业生、退役军人和失业人员、残疾人员等创办小型微型企业，按照国家规定享受税收优惠和收费减免。

第二十六条　国家采取措施支持社会资金参与投资中小企业。创业投资企业和个人投资者投资初创期科技创新企业的，按照国家规定享受税收优惠。

第二十七条　国家改善企业创业环境，优化审批流程，实现中小企业行政许可便捷，降低中小企业设立成本。

第二十八条　国家鼓励建设和创办小型微型企业创业基地、孵化基地，为小型微型企业提供生产经营场地和服务。

第二十九条　地方各级人民政府应当根据中小企业发展的需要，在城乡规划中安排必要的用地和设施，为中小企业获得生产经营场所提供便利。

国家支持利用闲置的商业用房、工业厂房、企业库房和物流设施等，为创业者提供低成本生产经营场所。

第三十条　国家鼓励互联网平台向中小企业开放技术、开发、营销、推广等资源，加强资源共享与合作，为中小企业创业提供服务。

第三十一条　国家简化中小企业注销登记程序，实现中小企业市场退出便利化。

第五章　创新支持

第三十二条　国家鼓励中小企业按照市场需求，推进技术、产品、管理模式、商业模式等创新。

中小企业的固定资产由于技术进步等原因，确需加速折旧的，可以依法缩短折旧年限或者采取加速折旧方法。

国家完善中小企业研究开发费用加计扣除政策，支持中小企业技术创新。

第三十三条　国家支持中小企业在研发设计、生产制造、运营管理等环节应用互联网、云计算、大数据、人工智能等现代技术手段，创新生产方式，提高生产经营效率。

第三十四条　国家鼓励中小企业参与产业关键共性技术研究开发和利用财政资金设立的科研项目实施。

国家推动军民融合深度发展，支持中小企业参与国防科研和生产活动。

国家支持中小企业及中小企业的有关行业组织参与标准的制定。

第三十五条　国家鼓励中小企业研究开发拥有自主知识产权的技术和产品，规范内部知识产权管理，提升保护和运用知识产权的能力；鼓励中小企业投保知识产权保险；减轻中小企业申请和维持知识产权的费用等负担。

第三十六条　县级以上人民政府有关部门应当在规划、用地、财政等方面提供支持，推动建立和发展各类创新服务机构。

国家鼓励各类创新服务机构为中小企业提供技术信息、研发设计与应用、质量标准、实验试验、检验检测、技术转让、技术培训等服务，促进科技成果转化，推动企业技术、产品升级。

第三十七条 县级以上人民政府有关部门应当拓宽渠道，采取补贴、培训等措施，引导高等学校毕业生到中小企业就业，帮助中小企业引进创新人才。

国家鼓励科研机构、高等学校和大型企业等创造条件向中小企业开放试验设施，开展技术研发与合作，帮助中小企业开发新产品，培养专业人才。

国家鼓励科研机构、高等学校支持本单位的科技人员以兼职、挂职、参与项目合作等形式到中小企业从事产学研合作和科技成果转化活动，并按照国家有关规定取得相应报酬。

第六章 市 场 开 拓

第三十八条 国家完善市场体系，实行统一的市场准入和市场监管制度，反对垄断和不正当竞争，营造中小企业公平参与竞争的市场环境。

第三十九条 国家支持大型企业与中小企业建立以市场配置资源为基础的、稳定的原材料供应、生产、销售、服务外包、技术开发和技术改造等方面的协作关系，带动和促进中小企业发展。

第四十条 国务院有关部门应当制定中小企业政府采购的相关优惠政策，通过制定采购需求标准、预留采购份额、价格评审优惠、优先采购等措施，提高中小企业在政府采购中的份额。

向中小企业预留的采购份额应当占本部门年度政府采购项目预算总额的百分之三十以上；其中，预留给小型微型企业的比例不低于百分之六十。中小企业无法提供的商品和服务除外。

政府采购不得在企业股权结构、经营年限、经营规模和财务指标等方面对中小企业实行差别待遇或者歧视待遇。

政府采购部门应当在政府采购监督管理部门指定的媒体上及时向社会公开发布采购信息，为中小企业获得政府采购合同提供指导和服务。

第四十一条 县级以上人民政府有关部门应当在法律咨询、知识产权保护、技术性贸易措施、产品认证等方面为中小企业产品和服务出口提供指导和帮助，推动对外经济技术合作与交流。

国家有关政策性金融机构应当通过开展进出口信贷、出口信用保险等业务，支持中小企业开拓境外市场。

第四十二条 县级以上人民政府有关部门应当为中小企业提供用汇、人员出入境等方面的便利，支持中小企业到境外投资，开拓国际市场。

第七章 服务措施

第四十三条 国家建立健全社会化的中小企业公共服务体系，为中小企业提供服务。

第四十四条 县级以上地方各级人民政府应当根据实际需要建立和完善中小企业公共服务机构，为中小企业提供公益性服务。

第四十五条 县级以上人民政府负责中小企业促进工作综合管理的部门应当建立跨部门的政策信息互联网发布平台，及时汇集涉及中小企业的法律法规、创业、创新、金融、市场、权益保护等各类政府服务信息，为中小企业提供便捷无偿服务。

第四十六条 国家鼓励各类服务机构为中小企业提供创业培训与辅导、知识产权保护、管理咨询、信息咨询、信用服务、市场营销、项目开发、投资融资、财会税务、产权交易、技术支持、人才引进、对外合作、展览展销、法律咨询等服务。

第四十七条 县级以上人民政府负责中小企业促进工作综合管理的部门应当安排资金，有计划地组织实施中小企业经营管理人员培训。

第四十八条 国家支持有关机构、高等学校开展针对中小企业经营管理及生产技术等方面的人员培训，提高企业营销、管理和技术水平。

国家支持高等学校、职业教育院校和各类职业技能培训机构与中小企业合作共建实习实践基地，支持职业教育院校教师和中小企业技术人才双向交流，创新中小企业人才培养模式。

第四十九条 中小企业的有关行业组织应当依法维护会员的合法权益，反映会员诉求，加强自律管理，为中小企业创业创新、开拓市场等提供服务。

第八章 权益保护

第五十条 国家保护中小企业及其出资人的财产权和其他合法权益。任何单位和个人不得侵犯中小企业财产及其合法收益。

第五十一条 县级以上人民政府负责中小企业促进工作综合管理的部门应当建立专门渠道，听取中小企业对政府相关管理工作的意见和建议，并及时向有关部门反馈，督促改进。

县级以上地方各级人民政府有关部门和有关行业组织应当公布联系方式，受理中小企业的投诉、举报，并在规定的时间内予以调查、处理。

第五十二条 地方各级人民政府应当依法实施行政许可，依法开展管理工作，不得实施没有法律、法规依据的检查，不得强制或者变相强制中小企业参加考核、评比、表彰、培训等活动。

第五十三条 国家机关、事业单位和大型企业不得违约拖欠中小企业的货物、工程、服务款项。

中小企业有权要求拖欠方支付拖欠款并要求对拖欠造成的损失进行赔偿。

第五十四条 任何单位不得违反法律、法规向中小企业收取费用，不得实施没有法律、法规依据的罚款，不得向中小企业摊派财物。中小企业对违反上述规定的行为有权拒绝和举报、控告。

第五十五条 国家建立和实施涉企行政事业性收费目录清单制度，收费目录清单及其实施情况向社会公开，接受社会监督。

任何单位不得对中小企业执行目录清单之外的行政事业性收费，不得对中小企业擅自提高收费标准、扩大收费范围；严禁以各种方式强制中小企业赞助捐赠、订购报刊、加入社团、接受指定服务；严禁行业组织依靠代行政府职能或者利用行政资源擅自设立收费项目、提高收费标准。

第五十六条 县级以上地方各级人民政府有关部门对中小企业实施监督检查应当依法进行，建立随机抽查机制。同一部门对中小企业实施的多项监督检查能够合并进行的，应当合并进行；不同部门对中小企业实施的多项监督检查能够合并完成的，由本级人民政府组织有关部门实施合并或者联合检查。

第九章 监督检查

第五十七条 县级以上人民政府定期组织对中小企业促进工作情况的监督检查；对违反本法的行为及时予以纠正，并对直接负责的主管人员和其他直接责任人员依法给予处分。

第五十八条 国务院负责中小企业促进工作综合管理的部门应当委托第三方机构定期开展中小企业发展环境评估，并向社会公布。

地方各级人民政府可以根据实际情况委托第三方机构开展中小企业发展环境评估。

第五十九条 县级以上人民政府应当定期组织开展对中小企业发展专项资金、中小企业发展基金使用效果的企业评价、社会评价和资金使用动态评估，并将评价和评估情况及时向社会公布，接受社会监督。

县级以上人民政府有关部门在各自职责范围内，对中小企业发展专项资金、中小企业发展基金的管理和使用情况进行监督，对截留、挤占、挪用、侵占、贪污中小企业发展专项资金、中小企业发展基金等行为依法进行查处，并对直接负责的主管人员和其他直接责任人员依法给予处分；构成犯罪的，依法追究刑事责任。

第六十条 县级以上地方各级人民政府有关部门在各自职责范围内，对强制或者变相强制中小企业参加考核、评比、表彰、培训等活动的行为，违法向中小企业收费、罚款、摊派财物的行为，以及其他侵犯中小企业合法权益的行为进行查处，并对直接负责的主管人员和其他直接责任人员依法给予处分。

第十章 附 则

第六十一条 本法自 2018 年 1 月 1 日起施行。

中华人民共和国反不正当竞争法（节录）

（1993年9月2日第八届全国人民代表大会常务委员会第三次会议通过　2017年11月4日第十二届全国人民代表大会常务委员会第三十次会议第一次修订　根据2019年4月23日第十三届全国人民代表大会常务委员会第十次会议《关于修改〈中华人民共和国建筑法〉等八部法律的决定》修正　2025年6月27日第十四届全国人民代表大会常务委员会第十六次会议第二次修订　2025年6月27日中华人民共和国主席令第50号公布　自2025年10月15日起施行）

……

第二章　不正当竞争行为

第七条　经营者不得实施下列混淆行为，引人误认为是他人商品或者与他人存在特定联系：

（一）擅自使用与他人有一定影响的商品名称、包装、装潢等相同或者近似的标识；

（二）擅自使用他人有一定影响的名称（包括简称、字号等）、姓名（包括笔名、艺名、网名、译名等）；

（三）擅自使用他人有一定影响的域名主体部分、网站名称、网页、新媒体账号名称、应用程序名称或者图标等；

（四）其他足以引人误认为是他人商品或者与他人存在特定联系的混淆行为。

擅自将他人注册商标、未注册的驰名商标作为企业名称中的字号使用，或者将他人商品名称、企业名称（包括简称、字号等）、注册商标、未注册的驰名商标等设置为搜索关键词，引人误认为是他人商品或者与他人存在特定联系的，属于前款规定的混淆行为。

经营者不得帮助他人实施混淆行为。

第八条　经营者不得采用给予财物或者其他手段贿赂下列单位或者个人，以谋取交易机会或者竞争优势：

（一）交易相对方的工作人员；

（二）受交易相对方委托办理相关事务的单位或者个人；

（三）利用职权或者影响力影响交易的单位或者个人。

前款规定的单位和个人不得收受贿赂。

经营者在交易活动中，可以以明示方式向交易相对方支付折扣，或者向中间人支付佣金。经营者向交易相对方支付折扣、向中间人支付佣金的，应当如实入账。接受折扣、佣金的经营者也应当如实入账。

经营者的工作人员进行贿赂的，应当认定为经营者的行为；但是，经营者有证据证明该工作人员的行为与为经营者谋取交易机会或者竞争优势无关的除外。

第九条　经营者不得对其商品的性能、功能、质量、销售状况、用户评价、曾获荣誉等作虚假或者引人误解的商业宣传，欺骗、误导消费者和其他经营者。

经营者不得通过组织虚假交易、虚假评价等方式，帮助其他经营者进行虚假或者引人误解的商业宣传。

第十条　经营者不得实施下列侵犯商业秘密的行为：

（一）以盗窃、贿赂、欺诈、胁迫、电子侵入或者其他不正当手段获取权利人的商业秘密；

（二）披露、使用或者允许他人使用以前项手段获取的权利人的商业秘密；

（三）违反保密义务或者违反权利人有关保守商业秘密的要求，披露、使用或者允许他人使用其所掌握的商业秘密；

（四）教唆、引诱、帮助他人违反保密义务或者违反权利人有关保守商业秘密的要求，获取、披露、使用或者允许他人使用权利人的商业秘密。

经营者以外的其他自然人、法人和非法人组织实施前款所列违法行为的，视为侵犯商业秘密。

第三人明知或者应知商业秘密权利人的员工、前员工或者其他单位、个人实施本条第一款所列违法行为，仍获取、披露、使用或者允许他人使用该商业秘密的，视为侵犯商业秘密。

本法所称的商业秘密，是指不为公众所知悉、具有商业价值并经权利人采取相应保密措施的技术信息、经营信息等商业信息。

第十一条　经营者进行有奖销售不得存在下列情形：

（一）所设奖的种类、兑奖条件、奖金金额或者奖品等有奖销售信息不明确，影响兑奖；

（二）有奖销售活动开始后，无正当理由变更所设奖的种类、兑奖条件、奖金金额或者奖品等有奖销售信息；

（三）采用谎称有奖或者故意让内定人员中奖等欺骗方式进行有奖销售；

（四）抽奖式的有奖销售，最高奖的金额超过五万元。

第十二条　经营者不得编造、传播或者指使他人编造、传播虚假信息或者误导性信息，损害其他经营者的商业信誉、商品声誉。

第十三条 经营者利用网络从事生产经营活动，应当遵守本法的各项规定。

经营者不得利用数据和算法、技术、平台规则等，通过影响用户选择或者其他方式，实施下列妨碍、破坏其他经营者合法提供的网络产品或者服务正常运行的行为：

（一）未经其他经营者同意，在其合法提供的网络产品或者服务中，插入链接、强制进行目标跳转；

（二）误导、欺骗、强迫用户修改、关闭、卸载其他经营者合法提供的网络产品或者服务；

（三）恶意对其他经营者合法提供的网络产品或者服务实施不兼容；

（四）其他妨碍、破坏其他经营者合法提供的网络产品或者服务正常运行的行为。

经营者不得以欺诈、胁迫、避开或者破坏技术管理措施等不正当方式，获取、使用其他经营者合法持有的数据，损害其他经营者的合法权益，扰乱市场竞争秩序。

经营者不得滥用平台规则，直接或者指使他人对其他经营者实施虚假交易、虚假评价或者恶意退货等行为，损害其他经营者的合法权益，扰乱市场竞争秩序。

第十四条 平台经营者不得强制或者变相强制平台内经营者按照其定价规则，以低于成本的价格销售商品，扰乱市场竞争秩序。

第十五条 大型企业等经营者不得滥用自身资金、技术、交易渠道、行业影响力等方面的优势地位，要求中小企业接受明显不合理的付款期限、方式、条件和违约责任等交易条件，拖欠中小企业的货物、工程、服务等账款。

第三章　对涉嫌不正当竞争行为的调查

第十六条　监督检查部门调查涉嫌不正当竞争行为，可以采取下列措施：

（一）进入涉嫌不正当竞争行为的经营场所进行检查；

（二）询问被调查的经营者、利害关系人及其他有关单位、个人，要求其说明有关情况或者提供与被调查行为有关的其他资料；

（三）查询、复制与涉嫌不正当竞争行为有关的协议、账簿、单据、文件、记录、业务函电和其他资料；

（四）查封、扣押与涉嫌不正当竞争行为有关的财物；

（五）查询涉嫌不正当竞争行为的经营者的银行账户。

采取前款规定的措施，应当向监督检查部门主要负责人书面报告，并经批准。采取前款第四项、第五项规定的措施，应当向设区的市级以上人民政府监督检查部门主要负责人书面报告，并经批准。

监督检查部门调查涉嫌不正当竞争行为，应当遵守《中华人民共和国行政强制法》和其他有关法律、行政法规的规定，并应当依法将查处结果及时向社会公开。

第十七条　监督检查部门调查涉嫌不正当竞争行为，被调查的经营者、利害关系人及其他有关单位、个人应当如实提供有关资料或者情况。

第十八条　经营者涉嫌违反本法规定的，监督检查部门可以对其有关负责人进行约谈，要求其说明情况、提出改进措施。

第十九条　监督检查部门及其工作人员对调查过程中知悉的商业秘密、个人隐私和个人信息依法负有保密义务。

第二十条　对涉嫌不正当竞争行为，任何单位和个人有权向监督检查部门举报，监督检查部门接到举报后应当依法及时处理。

监督检查部门应当向社会公开受理举报的电话、信箱或者电子邮件地址，并为举报人保密。对实名举报并提供相关事实和证据的，监督检查部门应当将处理结果及时告知举报人。

第二十一条 平台经营者应当在平台服务协议和交易规则中明确平台内公平竞争规则，建立不正当竞争举报投诉和纠纷处置机制，引导、规范平台内经营者依法公平竞争；发现平台内经营者实施不正当竞争行为的，应当及时依法采取必要的处置措施，保存有关记录，并按规定向平台经营者住所地县级以上人民政府监督检查部门报告。

……

优化营商环境条例

(2019年10月8日国务院第66次常务会议通过 2019年10月22日中华人民共和国国务院令第722号公布 自2020年1月1日起施行)

第一章 总 则

第一条 为了持续优化营商环境，不断解放和发展社会生产力，加快建设现代化经济体系，推动高质量发展，制定本条例。

第二条 本条例所称营商环境，是指企业等市场主体在市场经济活动中所涉及的体制机制性因素和条件。

第三条 国家持续深化简政放权、放管结合、优化服务改革，最大限度减少政府对市场资源的直接配置，最大限度减少政府对市场活动的直接干预，加强和规范事中事后监管，着力提升政务服务能力和水平，切实降低制度性交易成本，更大激发市场活力和社会创造力，增强发展动力。

各级人民政府及其部门应当坚持政务公开透明，以公开为常态、不公开为例外，全面推进决策、执行、管理、服务、结果公开。

第四条 优化营商环境应当坚持市场化、法治化、国际化原则，以市场主体需求为导向，以深刻转变政府职能为核心，创新体制机制、强化协同联动、完善法治保障，对标国际先进水平，为各类市场主体投资兴业营造稳定、公平、透明、可预期的良好环境。

第五条 国家加快建立统一开放、竞争有序的现代市场体系，依法促进各类生产要素自由流动，保障各类市场主体公平参与市场竞争。

第六条 国家鼓励、支持、引导非公有制经济发展，激发非公有制经济活力和创造力。

国家进一步扩大对外开放，积极促进外商投资，平等对待内资企业、外商投资企业等各类市场主体。

第七条 各级人民政府应当加强对优化营商环境工作的组织领导，完善优化营商环境的政策措施，建立健全统筹推进、督促落实优化营商环境工作的相关机制，及时协调、解决优化营商环境工作中的重大问题。

县级以上人民政府有关部门应当按照职责分工，做好优化营商环境的相关工作。县级以上地方人民政府根据实际情况，可以明确优化营商环境工作的主管部门。

国家鼓励和支持各地区、各部门结合实际情况，在法治框架内积极探索原创性、差异化的优化营商环境具体措施；对探索中出现失误或者偏差，符合规定条件的，可以予以免责或者减轻责任。

第八条 国家建立和完善以市场主体和社会公众满意度为导向的营商环境评价体系，发挥营商环境评价对优化营商环境的引领和督促作用。

开展营商环境评价，不得影响各地区、各部门正常工作，不得影响市场主体正常生产经营活动或者增加市场主体负担。

任何单位不得利用营商环境评价谋取利益。

第九条 市场主体应当遵守法律法规，恪守社会公德和商业道德，诚实守信、公平竞争，履行安全、质量、劳动者权益保护、消费者权益保护等方面的法定义务，在国际经贸活动中遵循国际通行规则。

第二章 市场主体保护

第十条 国家坚持权利平等、机会平等、规则平等，保障各种所有制经济平等受到法律保护。

第十一条 市场主体依法享有经营自主权。对依法应当由市场主体自主决策的各类事项，任何单位和个人不得干预。

第十二条 国家保障各类市场主体依法平等使用资金、技术、人力资源、土地使用权及其他自然资源等各类生产要素和公共服务资源。

各类市场主体依法平等适用国家支持发展的政策。政府及其有关部门在政府资金安排、土地供应、税费减免、资质许可、标准制定、项目申报、职称评定、人力资源政策等方面，应当依法平等对待各类市场主体，不得制定或者实施歧视性政策措施。

第十三条 招标投标和政府采购应当公开透明、公平公正，依法平等对待各类所有制和不同地区的市场主体，不得以不合理条件或者产品产地来源等进行限制或者排斥。

政府有关部门应当加强招标投标和政府采购监管，依法纠正和查处违法违规行为。

第十四条 国家依法保护市场主体的财产权和其他合法权益，保护企业经营者人身和财产安全。

严禁违反法定权限、条件、程序对市场主体的财产和企业经营者个人财产实施查封、冻结和扣押等行政强制措施；依法确需实施前述行政强制措施的，应当限定在所必需的范围内。

禁止在法律、法规规定之外要求市场主体提供财力、物力或者人力的摊派行为。市场主体有权拒绝任何形式的摊派。

第十五条 国家建立知识产权侵权惩罚性赔偿制度，推动建立知识产权快速协同保护机制，健全知识产权纠纷多元化解决机制和知识产权维权援助机制，加大对知识产权的保护力度。

国家持续深化商标注册、专利申请便利化改革，提高商标注册、专利申请审查效率。

第十六条 国家加大中小投资者权益保护力度，完善中小投资者权益保护机制，保障中小投资者的知情权、参与权，提升中小投资者维护合法权益的便利度。

第十七条 除法律、法规另有规定外，市场主体有权自主决定加入或者退出行业协会商会等社会组织，任何单位和个人不得干预。

除法律、法规另有规定外，任何单位和个人不得强制或者变相强制市场主体参加评比、达标、表彰、培训、考核、考试以及类似活动，不得借前述活动向市场主体收费或者变相收费。

第十八条 国家推动建立全国统一的市场主体维权服务平台，为市场主体提供高效、便捷的维权服务。

第三章　市场环境

第十九条 国家持续深化商事制度改革，统一企业登记业务规范，统一数据标准和平台服务接口，采用统一社会信用代码进行登记管理。

国家推进"证照分离"改革，持续精简涉企经营许可事项，依法采取直接取消审批、审批改为备案、实行告知承诺、优化审批服务等方式，对所有涉企经营许可事项进行分类管理，为企业取得营业执照后开展相关经营活动提供便利。除法律、行政法规规定的特定领域外，涉企经营许可事项不得作为企业登记的前置条件。

政府有关部门应当按照国家有关规定，简化企业从申请设立到具备一般性经营条件所需办理的手续。在国家规定的企业开办时限内，各地区应当确定并公开具体办理时间。

企业申请办理住所等相关变更登记的，有关部门应当依法及时办理，不得限制。除法律、法规、规章另有规定外，企业迁移后其持有的有效许可证件不再重复办理。

第二十条 国家持续放宽市场准入，并实行全国统一的市场准入负面清单制度。市场准入负面清单以外的领域，各类市场主体均可以依法平等进入。

各地区、各部门不得另行制定市场准入性质的负面清单。

第二十一条 政府有关部门应当加大反垄断和反不正当竞争执法力度，有效预防和制止市场经济活动中的垄断行为、不正当竞争行为以及滥用行政权力排除、限制竞争的行为，营造公平竞争的市场环境。

第二十二条 国家建立健全统一开放、竞争有序的人力资源市场体系，打破城乡、地区、行业分割和身份、性别等歧视，促进人力资源有序社会性流动和合理配置。

第二十三条 政府及其有关部门应当完善政策措施、强化创新服务，鼓励和支持市场主体拓展创新空间，持续推进产品、技术、商业模式、管理等创新，充分发挥市场主体在推动科技成果转化中的作用。

第二十四条 政府及其有关部门应当严格落实国家各项减税降费政策，及时研究解决政策落实中的具体问题，确保减税降费政策全面、及时惠及市场主体。

第二十五条 设立政府性基金、涉企行政事业性收费、涉企保证金，应当有法律、行政法规依据或者经国务院批准。对政府性基金、涉企行政事业性收费、涉企保证金以及实行政府定价的经营服务性收费，实行目录清单管理并向社会公开，目录清单之外的前述收费和保证金一律不得执行。推广以金融机构保函替代现金缴纳涉企保证金。

第二十六条 国家鼓励和支持金融机构加大对民营企业、中小企业的支持力度，降低民营企业、中小企业综合融资成本。

金融监督管理部门应当完善对商业银行等金融机构的监管考核和激励机制，鼓励、引导其增加对民营企业、中小企业的信贷投放，并合理增加中长期贷款和信用贷款支持，提高贷款审批效率。

商业银行等金融机构在授信中不得设置不合理条件，不得对民营企业、中小企业设置歧视性要求。商业银行等金融机构应当按照国家有关规定规范收费行为，不得违规向服务对象收取不合理费用。商业银行应当向社会公开开设企业账户的服务标准、资费标准和办理时限。

第二十七条 国家促进多层次资本市场规范健康发展，拓宽市场主体融资渠道，支持符合条件的民营企业、中小企业依法发行股票、债券以及其他融资工具，扩大直接融资规模。

第二十八条 供水、供电、供气、供热等公用企事业单位应当向社会公开服务标准、资费标准等信息，为市场主体提供安全、便捷、稳定和价格合理的服务，不得强迫市场主体接受不合理的服务条件，不得以任何名义收取不合理费用。各地区应当优化报装流程，在国家规定的报装办理时限内确定并公开具体办理时间。

政府有关部门应当加强对公用企事业单位运营的监督管理。

第二十九条 行业协会商会应当依照法律、法规和章程，加强行业自律，及时反映行业诉求，为市场主体提供信息咨询、宣传培训、市场拓展、权益保护、纠纷处理等方面的服务。

国家依法严格规范行业协会商会的收费、评比、认证等行为。

第三十条 国家加强社会信用体系建设，持续推进政务诚信、商务诚信、社会诚信和司法公信建设，提高全社会诚信意识和信用水平，维护信用信息安全，严格保护商业秘密和个人隐私。

第三十一条 地方各级人民政府及其有关部门应当履行向市场主体依法作出的政策承诺以及依法订立的各类合同，不得以行政区划调整、政府换届、机构或者职能调整以及相关责任人更替等为由违约毁约。因国家利益、社会公共利益需要改变政策承诺、合同约定的，应当依照法定权限和程序进行，并依法对市场主体因此受到的损失予以补偿。

第三十二条 国家机关、事业单位不得违约拖欠市场主体的货物、工程、服务等账款，大型企业不得利用优势地位拖欠中小企业账款。

县级以上人民政府及其有关部门应当加大对国家机关、事业单位拖欠市场主体账款的清理力度，并通过加强预算管理、严格责任追究等措施，建立防范和治理国家机关、事业单位拖欠市场主体账款的长效机制。

第三十三条 政府有关部门应当优化市场主体注销办理流程，精简申请材料、压缩办理时间、降低注销成本。对设立后未开展生产经营活动或者无债权债务的市场主体，可以按照简易程序办理注销。对有债权债务的市场主体，在债权债务依法解决后及时办理注销。

县级以上地方人民政府应当根据需要建立企业破产工作协调机制，协调解决企业破产过程中涉及的有关问题。

第四章 政 务 服 务

第三十四条 政府及其有关部门应当进一步增强服务意识，切实转变工作作风，为市场主体提供规范、便利、高效的政务服务。

第三十五条 政府及其有关部门应当推进政务服务标准化，按照减环节、减材料、减时限的要求，编制并向社会公开政务服务事项（包括行政权力事项和公共服务事项，下同）标准化工作流程和办事指南，细化量化政务服务标准，压缩自由裁量权，推进同一事项实行无差别受理、同标准办理。没有法律、法规、规章依据，不得增设政务服务事项的办理条件和环节。

第三十六条 政府及其有关部门办理政务服务事项，应当根据实际情况，推行当场办结、一次办结、限时办结等制度，实现集中办理、就近办理、网上办理、异地可办。需要市场主体补正有关材料、手续的，应当一次性告知需要补正的内容；需要进行现场踏勘、现场核查、技术审查、听证论证的，应当及时安排、限时办结。

法律、法规、规章以及国家有关规定对政务服务事项办理时限有规定的，应当在规定的时限内尽快办结；没有规定的，应当按照合理、高效的原则确定办理时限并按时办结。各地区可以在国家规定的政务服务事项办理时限内进一步压减时间，并应当向社会公开；超过办理时间的，办理单位应当公开说明理由。

地方各级人民政府已设立政务服务大厅的，本行政区域内各类政务服务事项一般应当进驻政务服务大厅统一办理。对政务服务大厅中部门分设的服务窗口，应当创造条件整合为综合窗口，提供一站式服务。

第三十七条 国家加快建设全国一体化在线政务服务平台（以下称一体化在线平台），推动政务服务事项在全国范围内实现"一网通办"。除法律、法规另有规定或者涉及国家秘密等情形外，政务服务事项应当按照国务院确定的步骤，纳入一体化在线平台办理。

国家依托一体化在线平台，推动政务信息系统整合，优化政务流程，促进政务服务跨地区、跨部门、跨层级数据共享和业务协同。政府及其有关部门应当按照国家有关规定，提供数据共享服务，及时将有关政务服务数据上传至一体化在线平台，加强共享数据使用全过程管理，确保共享数据安全。

国家建立电子证照共享服务系统，实现电子证照跨地区、跨部门共享和全国范围内互信互认。各地区、各部门应当加强电子证照的推广应用。

各地区、各部门应当推动政务服务大厅与政务服务平台全面对接融合。市场主体有权自主选择政务服务办理渠道，行政机关不得限定办理渠道。

第三十八条 政府及其有关部门应当通过政府网站、一体化在线平台，集中公布涉及市场主体的法律、法规、规章、行政规范性文件和各类政策措施，并通过多种途径和方式加强宣传解读。

第三十九条 国家严格控制新设行政许可。新设行政许可应当按照行政许可法和国务院的规定严格设定标准，并进行合法性、必要性和合理性审查论证。对通过事中事后监管或者市场机制能够解决以及行政许可法和国务院规定不得设立行政许可的事项，一律不得设立行政许可，严禁以备案、登记、注册、目录、规划、年检、年报、监制、认定、认证、审定以及其他任何形式变相设定或者实施行政许可。

法律、行政法规和国务院决定对相关管理事项已作出规定，但未采取行政许可管理方式的，地方不得就该事项设定行政许可。对相关管理事项尚未制定法律、行政法规的，地方可以依法就该事项设定行政许可。

第四十条 国家实行行政许可清单管理制度，适时调整行政许可清单并向社会公布，清单之外不得违法实施行政许可。

国家大力精简已有行政许可。对已取消的行政许可，行政机关不得继续实施或者变相实施，不得转由行业协会商会或者其他组织实施。

对实行行政许可管理的事项，行政机关应当通过整合实施、下放审批层级等多种方式，优化审批服务，提高审批效率，减轻市场主体负担。符合相关条件和要求的，可以按照有关规定采取告知承诺的方式办理。

第四十一条 县级以上地方人民政府应当深化投资审批制度改革，根据项目性质、投资规模等分类规范投资审批程序，精简审批要件，简化技术审查事项，强化项目决策与用地、规划等建设条件落实的协同，实行与相关审批在线并联办理。

第四十二条 设区的市级以上地方人民政府应当按照国家有关规定，优化工程建设项目（不包括特殊工程和交通、水利、能源等领域的重大工程）审批流程，推行并联审批、多图联审、联合竣工验收等方式，简化审批手续，提高审批效能。

在依法设立的开发区、新区和其他有条件的区域，按照国家有关规定推行区域评估，由设区的市级以上地方人民政府组织对一定区域内压覆重要矿产资源、地质灾害危险性等事项进行统一评估，不再对区域内的市场主体单独提出评估要求。区域评估的费用不得由市场主体承担。

第四十三条 作为办理行政审批条件的中介服务事项（以下称法定行政审批中介服务）应当有法律、法规或者国务院决定依据；没有依据的，不得作为办理行政审批的条件。中介服务机构应当明确办理法定行政审批中介服务的条件、流程、时限、收费标准，并向社会公开。

国家加快推进中介服务机构与行政机关脱钩。行政机关不得为市场主体指定或者变相指定中介服务机构；除法定行政审批中介服务外，不得强制或者变相强制市场主体接受中介服务。行政机关所属事业单位、主管的社会组织及其举办的企业不得开展与本机关所负责行政审批相关的中介服务，法律、行政法规另有规定的除外。

行政机关在行政审批过程中需要委托中介服务机构开展技术性服务的，应当通过竞争性方式选择中介服务机构，并自行承担服务费用，不得转嫁给市场主体承担。

第四十四条 证明事项应当有法律、法规或者国务院决定依据。

设定证明事项，应当坚持确有必要、从严控制的原则。对通过法定证照、法定文书、书面告知承诺、政府部门内部核查和部门间核查、网络核验、合同凭证等能够办理，能够被其他材料涵盖或者替代，以及开具单位无法调查核实的，不得设定证明事项。

政府有关部门应当公布证明事项清单，逐项列明设定依据、索要单位、开具单位、办理指南等。清单之外，政府部门、公用企事业单位和服务机构不得索要证明。各地区、各部门之间应当加强证明的互认共享，避免重复索要证明。

第四十五条 政府及其有关部门应当按照国家促进跨境贸易便利化的有关要求，依法削减进出口环节审批事项，取消不必要的监管要求，优化简化通关流程，提高通关效率，清理规范口岸收费，降低通关成本，推动口岸和国际贸易领域相关业务统一通过国际贸易"单一窗口"办理。

第四十六条 税务机关应当精简办税资料和流程，简并申报缴税次数，公开涉税事项办理时限，压减办税时间，加大推广使用电子发票的力度，逐步实现全程网上办税，持续优化纳税服务。

第四十七条 不动产登记机构应当按照国家有关规定，加强部门协作，实行不动产登记、交易和缴税一窗受理、并行办理，压缩办理时间，降低办理成本。在国家规定的不动产登记时限内，各地区应当确定并公开具体办理时间。

国家推动建立统一的动产和权利担保登记公示系统，逐步实现市场主体在一个平台上办理动产和权利担保登记。纳入统一登记公示系统的动产和权利范围另行规定。

第四十八条 政府及其有关部门应当按照构建亲清新型政商关系的要求，建立畅通有效的政企沟通机制，采取多种方式及时听取市场主体的反映和诉求，了解市场主体生产经营中遇到的困难和问题，并依法帮助其解决。

建立政企沟通机制，应当充分尊重市场主体意愿，增强针对性和有效性，不得干扰市场主体正常生产经营活动，不得增加市场主体负担。

第四十九条 政府及其有关部门应当建立便利、畅通的渠道，受理有关营商环境的投诉和举报。

第五十条 新闻媒体应当及时、准确宣传优化营商环境的措施和成效，为优化营商环境创造良好舆论氛围。

国家鼓励对营商环境进行舆论监督，但禁止捏造虚假信息或者歪曲事实进行不实报道。

第五章 监管执法

第五十一条 政府有关部门应当严格按照法律法规和职责，落实监管责任，明确监管对象和范围、厘清监管事权，依法对市场主体进行监管，实现监管全覆盖。

第五十二条 国家健全公开透明的监管规则和标准体系。国务院有关部门应当分领域制定全国统一、简明易行的监管规则和标准，并向社会公开。

第五十三条 政府及其有关部门应当按照国家关于加快构建以信用为基础的新型监管机制的要求，创新和完善信用监管，强化信用监管的支撑保障，加强信用监管的组织实施，不断提升信用监管效能。

第五十四条 国家推行"双随机、一公开"监管，除直接涉及公共安全和人民群众生命健康等特殊行业、重点领域外，市场监管领域的行政检查应当通过随机抽取检查对象、随机选派执法检查人员、抽查事项及查处结果及时向社会公开的方式进行。针对同一检查对象的多个检查事项，应当尽可能合并或者纳入跨部门联合抽查范围。

对直接涉及公共安全和人民群众生命健康等特殊行业、重点领域，依法依规实行全覆盖的重点监管，并严格规范重点监管的程序；对通过投诉举报、转办交办、数据监测等发现的问题，应当有针对性地进行检查并依法依规处理。

第五十五条 政府及其有关部门应当按照鼓励创新的原则，对新技术、新产业、新业态、新模式等实行包容审慎监管，针对其性质、特点分类制定和实行相应的监管规则和标准，留足发展空间，同时确保质量和安全，不得简单化予以禁止或者不予监管。

第五十六条 政府及其有关部门应当充分运用互联网、大数据等技术手段，依托国家统一建立的在线监管系统，加强监管信息归集共享和关联整合，推行以远程监管、移动监管、预警防控为特征的非现场监管，提升监管的精准化、智能化水平。

第五十七条 国家建立健全跨部门、跨区域行政执法联动响应和协作机制，实现违法线索互联、监管标准互通、处理结果互认。

国家统筹配置行政执法职能和执法资源，在相关领域推行综合行政执法，整合精简执法队伍，减少执法主体和执法层级，提高基层执法能力。

第五十八条 行政执法机关应当按照国家有关规定，全面落实行政执法公示、行政执法全过程记录和重大行政执法决定法制审核制度，实现行政执法信息及时准确公示、行政执法全过程留痕和可回溯管理、重大行政执法决定法制审核全覆盖。

第五十九条 行政执法中应当推广运用说服教育、劝导示范、行政指导等非强制性手段，依法慎重实施行政强制。采用非强制性手段能够达到行政管理目的的，不得实施行政强制；违法行为情节轻微或者社会危害较小的，可以不实施行政强制；确需实施行政强制的，应当尽可能减少对市场主体正常生产经营活动的影响。

开展清理整顿、专项整治等活动，应当严格依法进行，除涉及人民群众生命安全、发生重特大事故或者举办国家重大活动，并报经有权机关批准外，不得在相关区域采取要求相关行业、领域的市场主体普遍停产、停业的措施。

禁止将罚没收入与行政执法机关利益挂钩。

第六十条 国家健全行政执法自由裁量基准制度，合理确定裁量范围、种类和幅度，规范行政执法自由裁量权的行使。

第六章 法治保障

第六十一条 国家根据优化营商环境需要，依照法定权限和程序及时制定或者修改、废止有关法律、法规、规章、行政规范性文件。

优化营商环境的改革措施涉及调整实施现行法律、行政法规等有关规定的，依照法定程序经有权机关授权后，可以先行先试。

第六十二条 制定与市场主体生产经营活动密切相关的行政法规、规章、行政规范性文件，应当按照国务院的规定，充分听取市场主体、行业协会商会的意见。

除依法需要保密外，制定与市场主体生产经营活动密切相关的行政法规、规章、行政规范性文件，应当通过报纸、网络等向社会公开征求意见，并建立健全意见采纳情况反馈机制。向社会公开征求意见的期限一般不少于30日。

第六十三条 制定与市场主体生产经营活动密切相关的行政法规、规章、行政规范性文件，应当按照国务院的规定进行公平竞争审查。

制定涉及市场主体权利义务的行政规范性文件，应当按照国务院的规定进行合法性审核。

市场主体认为地方性法规同行政法规相抵触，或者认为规章同法律、行政法规相抵触的，可以向国务院书面提出审查建议，由有关机关按照规定程序处理。

第六十四条 没有法律、法规或者国务院决定和命令依据的，行政规范性文件不得减损市场主体合法权益或者增加其义务，不得设置市场准入和退出条件，不得干预市场主体正常生产经营活动。

涉及市场主体权利义务的行政规范性文件应当按照法定要求和程序予以公布，未经公布的不得作为行政管理依据。

第六十五条 制定与市场主体生产经营活动密切相关的行政法规、规章、行政规范性文件，应当结合实际，确定是否为市场主体留出必要的适应调整期。

政府及其有关部门应当统筹协调、合理把握规章、行政规范性文件等的出台节奏，全面评估政策效果，避免因政策叠加或者相互不协调对市场主体正常生产经营活动造成不利影响。

第六十六条 国家完善调解、仲裁、行政裁决、行政复议、诉讼等有机衔接、相互协调的多元化纠纷解决机制，为市场主体提供高效、便捷的纠纷解决途径。

第六十七条 国家加强法治宣传教育，落实国家机关普法责任制，提高国家工作人员依法履职能力，引导市场主体合法经营、依法维护自身合法权益，不断增强全社会的法治意识，为营造法治化营商环境提供基础性支撑。

第六十八条 政府及其有关部门应当整合律师、公证、司法鉴定、调解、仲裁等公共法律服务资源，加快推进公共法律服务体系建设，全面提升公共法律服务能力和水平，为优化营商环境提供全方位法律服务。

第六十九条 政府和有关部门及其工作人员有下列情形之一的，依法依规追究责任：

（一）违法干预应当由市场主体自主决策的事项；

（二）制定或者实施政策措施不依法平等对待各类市场主体；

（三）违反法定权限、条件、程序对市场主体的财产和企业经营者个人财产实施查封、冻结和扣押等行政强制措施；

（四）在法律、法规规定之外要求市场主体提供财力、物力或者人力；

（五）没有法律、法规依据，强制或者变相强制市场主体参加评比、达标、表彰、培训、考核、考试以及类似活动，或者借前述活动向市场主体收费或者变相收费；

（六）违法设立或者在目录清单之外执行政府性基金、涉企行政事业性收费、涉企保证金；

（七）不履行向市场主体依法作出的政策承诺以及依法订立的各类合同，或者违约拖欠市场主体的货物、工程、服务等账款；

（八）变相设定或者实施行政许可，继续实施或者变相实施已取消的行政许可，或者转由行业协会商会或者其他组织实施已取消的行政许可；

（九）为市场主体指定或者变相指定中介服务机构，或者违法强制市场主体接受中介服务；

（十）制定与市场主体生产经营活动密切相关的行政法规、规章、行政规范性文件时，不按照规定听取市场主体、行业协会商会的意见；

（十一）其他不履行优化营商环境职责或者损害营商环境的情形。

第七十条 公用企事业单位有下列情形之一的，由有关部门责令改正，依法追究法律责任：

（一）不向社会公开服务标准、资费标准、办理时限等信息；

（二）强迫市场主体接受不合理的服务条件；

（三）向市场主体收取不合理费用。

第七十一条 行业协会商会、中介服务机构有下列情形之一的，由有关部门责令改正，依法追究法律责任：

（一）违法开展收费、评比、认证等行为；

（二）违法干预市场主体加入或者退出行业协会商会等社会组织；

（三）没有法律、法规依据，强制或者变相强制市场主体参加评比、达标、表彰、培训、考核、考试以及类似活动，或者借前述活动向市场主体收费或者变相收费；

（四）不向社会公开办理法定行政审批中介服务的条件、流程、时限、收费标准；

（五）违法强制或者变相强制市场主体接受中介服务。

第七章　附　　则

第七十二条　本条例自 2020 年 1 月 1 日起施行。

附 录

为新时代新征程民营经济持续、健康、高质量发展提供坚实法治保障

——全国人大常委会法工委负责人就民营经济促进法答记者问[①]

新华社北京4月30日电 2025年4月30日,十四届全国人大常委会第十五次会议表决通过了《中华人民共和国民营经济促进法》,自2025年5月20日起施行。全国人大常委会法工委负责人就民营经济促进法有关问题回答了记者提问。

问:改革开放以来,我国民营经济发展取得了历史性成就,在经济社会发展中发挥着重要作用。当前,制定出台民营经济促进法有何重大意义?

答:改革开放以来,在党的理论和路线方针政策指引下,我国民营经济从小到大、从弱到强,不断发展壮大,成为国民经济的重要组成部分,在推动发展、促进创新、增加就业、改善民生等方面发挥着重要作用。党的十八大以来,党中央出台一系列重大举措,促进民营经济持续、健康、高质量发展。在新时代新征程上,民营经济必将肩负更大使命、承担更重责任、发挥更大作用,制定出台民营经济促进法,加强民营经济发展的法治保障,正当其时、十分必要。

第一,制定出台民营经济促进法,是贯彻落实习近平总书记重要指示精神和党中央决策部署的重要举措。

[①] 参见《为新时代新征程民营经济持续、健康、高质量发展提供坚实法治保障》,载中国人大网,http://www.npc.gov.cn/npc/c2/c30834/202504/t20250430_445081.html,最后访问时间:2025年6月10日。

2018年11月、2025年2月，习近平总书记两次出席民营企业座谈会并发表重要讲话，鲜明指出新时代新征程民营经济发展前景广阔、大有可为，对促进民营经济健康发展、高质量发展作出全面部署，为制定民营经济促进法提供了根本遵循。党的十八大以来，党中央就"保证各种所有制经济依法平等使用生产要素、公平参与市场竞争、同等受到法律保护""支持民营企业发展，激发各类市场主体活力""优化民营企业发展环境，依法保护民营企业产权和企业家权益，促进民营经济发展壮大"等作出一系列决策部署，并将"两个毫不动摇"写入新时代坚持和发展中国特色社会主义的基本方略。2023年7月，中共中央、国务院印发关于促进民营经济发展壮大的意见，从总体要求、持续优化民营经济发展环境、加大对民营经济政策支持力度、强化民营经济发展法治保障、着力推动民营经济实现高质量发展、促进民营经济人士健康成长、持续营造关心促进民营经济发展壮大社会氛围、加强组织实施等各方面作出全面部署。党的二十届三中全会将"制定民营经济促进法"列为重要改革举措。2024年中央经济工作会议对出台民营经济促进法提出明确要求。贯彻落实党中央决策部署，制定民营经济促进法，将党中央关于促进民营经济发展的重大方针政策和重要举措上升为法律规范，巩固改革开放四十多年来民营经济发展成果，充分体现了我们党对民营经济发展理论和实践的一脉相承、与时俱进。

第二，制定出台民营经济促进法，是落实宪法规定，坚持和完善社会主义基本经济制度的内在要求。

我国宪法规定："坚持公有制为主体、多种所有制经济共同发展的基本经济制度"。同时，明确国家发展非公有制经济的方针，即："国家保护个体经济、私营经济等非公有制经济的合法的权利和利益。国家鼓励、支持和引导非公有制经济的发展，并对非公有制经济依法实行监督和管理。"制定民营经济促进法，第一次将"毫不动摇巩固和发展公有制经济，毫不动摇鼓励、支持、引导非公有制经济发展""促进民营经济健康发展和民营经济人士健康成长"写入法律,第一次明确民营经济的法律地位,第一次明确规定促进民营经济持续、健康、高质量发展,是国家长期坚持的重大方针政策。民营经济促进法与宪法关于社会主义基本经济制度的规定贯通起来,将支持和保障民营经济发展的法律制度融入中国特色社会主义法律体系,具有重大的法治意义。

第三,制定出台民营经济促进法,是构建高水平社会主义市场经济体制、促进民营经济高质量发展的客观需要。

当前,我国发展不平衡、不充分的问题仍然突出,世界百年变局加速演进,民营经济发展在面临新的机遇的同时,也遇到许多困难与挑战。民营经济在市场准入、要素获取、服务供给等方面还存在不少阻碍,民营企业自身创新发展能力也还存在一些薄弱环节。制定民营经济促进法,聚焦民营经济健康发展面临的突出问题,进一步完善相关制度措施,有利于营造稳定、公平、透明、可预期的民营经济发展环境。同时,通过立法有针对性地完善促进民营经济发展的制度措施,有利于进一步激发民营经济组织发展内生动力,鼓励、引导广大民营经济组织经营者坚定做中国特色社会主义的建设者、中国式现代化的促进者,发挥民营经济在强国建设、民族复兴伟业中的重要作用。

问:制定出台民营经济促进法既是党中央决策部署,也是社会期待,民营经济促进法的制定过程是怎样的?立法工作遵循哪些原则?

答:贯彻落实党中央部署要求,制定民营经济促进法分别列入全国人大常委会和国务院年度立法工作计划。司法部、国家发展改革委共同牵头组建了由17家中央有关单位组成的立法起草工作专班,在扎实开展调研论证、广泛听取各方面意见的基础上,研究形成了民营经济促进法草案。2024年10月10日至11月8日,司法部、国家发展改革委全文公布草案向社会公开征求意见。2024年12月8日,国务院将民营经济促进法草案提请全国人大常委会审议。

全国人大常委会按照工作安排,加快民营经济促进法草案审议进程。

2024年12月、2025年2月十四届全国人大常委会第十三次会议、第十四次会议对草案进行了两次审议。2025年4月，十四届全国人大常委会第十五次会议对草案进行了三次审议并通过了这部法律。其间，全国人大常委会法制工作机构将草案印发各省（区、市）人大常委会、中央有关部门、基层立法联系点和部分研究机构等征求意见，通过代表工作信息化平台征求全国人大代表意见。2024年12月25日至2025年1月23日，在中国人大网全文公布民营经济促进法草案，向社会公开征求意见。召开多场座谈会，听取中央国家机关、省级人大常委会、基层立法联系点、全国工商联和行业商协会、全国人大代表、民营企业代表和专家学者的意见；到地方调研，深入听取地方有关部门、企业等各方面意见。

民营经济促进法制定工作，坚持科学立法、民主立法、依法立法，两次公布草案公开征求意见，通过54个立法联系点广泛听取各方面意见建议，特别注重听取各行业、各领域民营企业的意见建议，是坚持和践行全过程人民民主的一次生动实践。

民营经济促进法立法工作注重坚持以下原则：

一是突出思想引领。坚持以习近平新时代中国特色社会主义思想为指导，深入贯彻习近平经济思想、习近平法治思想，旗帜鲜明规定促进民营经济发展工作坚持中国共产党的领导，坚持以人民为中心，坚持中国特色社会主义制度，坚持社会主义基本经济制度，确保民营经济发展的正确政治方向。

二是坚持平等对待。把党和国家对民营经济平等对待、平等保护的要求用法律制度落实下来，保障各类经济组织享有平等的法律地位、市场机会和发展权利。在鼓励支持民营经济发展的同时，注重规范和引导民营企业依法诚信经营、主动融入国家战略、弘扬企业家精神、积极履行社会责任，促进民营经济健康发展和民营经济人士健康成长。

三是强化法治保障。推进严格规范公正文明执法，加强民营经济组织及其经营者合法权益保护，依法鼓励、支持、引导民营经济发展，发挥法治固根本、稳预期、利长远的保障作用。

四是注重问题导向。针对民营经济发展中面临的公平竞争、投资融资、科技创新、服务保障、权益保护以及民营经济自身发展存在的问题和薄弱环节，充分吸收改革成果和实践经验，有针对性地细化、完善相关制度措施，并与有关法律规定作好衔接。

问：促进民营经济发展涉及方方面面，民营经济促进法规定了哪些制度举措？

答： 民营经济促进法共9章78条，主要规定了以下内容：

一是促进民营经济发展的指导原则和总体要求。在总则中明确促进民营经济发展工作坚持党的领导，坚持以人民为中心，坚持中国特色社会主义制度；坚持和完善社会主义基本经济制度，坚持"两个毫不动摇"；充分发挥市场在资源配置中的决定性作用，更好发挥政府作用。明确规定民营经济是社会主义市场经济的重要组成部分，是推进中国式现代化的生力军，是高质量发展的重要基础，是推动我国全面建成社会主义现代化强国、实现中华民族伟大复兴的重要力量。明确促进民营经济持续、健康、高质量发展，是国家长期坚持的重大方针政策；更好发挥法治固根本、稳预期、利长远的保障作用，坚持平等对待、公平竞争、同等保护、共同发展的原则，促进民营经济发展壮大。

二是保障公平竞争。着力健全、完善民营经济组织公平参与市场竞争的制度机制，把实践中行之有效的政策和做法确定为法律制度。规定市场准入负面清单以外的领域，包括民营经济组织在内的各类经济组织可以依法平等进入；对落实公平竞争审查制度、定期清理市场准入壁垒、禁止在公共资源交易活动中限制或者排斥民营经济组织等作出规定。

三是优化投融资环境。完善制度措施，降低制度性交易成本，优化民营经济投资融资环境。明确支持民营经济组织参与国家重大战略和重大工程，对引导民营经济投资重点领域、完善融资风险市场化分担机制、提供更高水平投资服务、提升金融服务可获得性和便利度、健全多层次资本市场体系等作出规定。

四是支持科技创新。鼓励、支持民营经济组织在推动科技创新、培育新质生产力、建设现代化产业体系中积极发挥作用。明确支持有能力的民营经济组织牵头承担国家重大技术攻关任务，向民营经济组织开放国家重大科研基础设施，对提供技术创新服务、发挥数据赋能作用、加强技术应用与合作、鼓励人才培养使用、强化知识产权保护等作出规定。

五是注重规范引导。完整、准确、全面贯彻落实党中央关于发展民营经济的方针政策。积极引导广大民营企业家拥护党的领导，坚持中国特色社会主义制度，践行社会主义核心价值观。强调发挥民营经济组织中党组织政治引领作用和党员先锋模范作用；推动民营经济组织实现规范治理，完善治理结构和管理制度、规范经营者行为、强化内部监督。同时，对依法规范和引导民营资本健康发展，构建民营经济组织源头防范和治理腐败体制机制，加强廉洁风险防控，规范会计核算、防止财务造假等作出规定。

六是强化服务保障。明确建立畅通有效的政企沟通机制，制定与经营主体生产经营活动密切相关的规范性文件等应当注重听取意见；与有关法律相衔接，明确规定法不溯及既往原则。强化行政执法监督，坚决遏制"乱收费、乱罚款、乱检查、乱查封"等行为。对高效便利办理涉企事项、完善人才激励政策、健全信用修复制度、健全纠纷多元化解机制、发挥行业协会商会作用、加强海外综合服务和权益保护等作出规定。

七是加强权益保护。强调民营经济组织及其经营者的人身权利、财产权利以及经营自主权等合法权益受法律保护。对规范强制措施，禁止违法实施收费、罚款或摊派财物，规范异地执法行为，规范政府履约践诺，加强账款支付保障等作出规定。

问：如何做好民营经济促进法的贯彻落实工作？

答： 制定出台民营经济促进法，是党中央部署的重大立法任务。民营经济促进法既是促进民营经济发展的一部基础性法律，也是构建高水平社会主义市场经济体制的一部重要法律，做好本法的宣传、贯彻、实施工作，意义重大。

要大力宣传阐释制定出台民营经济促进法的重要意义。阐释民营经济的重要地位，宣传改革开放以来民营经济发展取得的重大成就，阐释民营经济促进法的法治保障作用，充分凝聚社会共识，将思想和行动统一到党中央决策部署上来，保证法律出台实施的政治效果、法律效果、社会效果。

要不断健全促进民营经济发展的制度体系。要以民营经济促进法出台实施为契机，统筹推进配套法规制度制定，协调推动各项支持保障举措落实落细，增强法律规范的系统性、整体性、协调性、时效性，确保法律正确有效实施。

后　记

民营经济促进法的出台，是民营经济立法史上具有里程碑意义的重要事件。随着民营经济促进法的出台与实施，迫切需要加强对民营经济促进法的深入理解，以更好适用民营经济促进法。

本人长期关注民营经济的法治保障问题，对民营经济促进法的立法问题有一定的思考和研究。在本人前期研究成果的基础上，结合民营经济促进法的具体条文，形成本书的主要内容。为便于读者阅读，本书并未采用传统的法条释义的形式，而是采用专题讲解的形式，对民营经济促进法的立法背景、立法过程、立法目的、总体思路、底层逻辑、基本定位、制度体系、外部关系以及公平竞争、投资融资促进、科技创新、规范经营、服务保障、权益保护、法律责任等重点问题进行专题解读，希望能够对读者有所帮助。

民营经济促进法本身具有较强的宏观性，准确理解和适用民营经济促进法并非易事。本书难免会有疏漏之处，敬请方家批评指正！

本书能够顺利出版，需要特别感谢中国法治出版社的领导与各位工作人员，尤其是中国法治出版社的编辑孙静老师，在本书的策划、写作和编校过程中做了大量的工作，在此深表感谢！同时，特别感谢中国社会科学院法学研究所的领导和同事们长期以来的关心、支持、鼓励和帮助！特别感谢我的父母和家人多年来对我的理解、关爱和大力支持！

肖 京

2025 年 5 月

图书在版编目（CIP）数据

民营经济促进法热点法律问题十五讲 / 肖京著.
北京：中国法治出版社，2025.6. --ISBN 978-7-5216-5269-7

Ⅰ．D922.29

中国国家版本馆 CIP 数据核字第 2025BJ2609 号

策划编辑/责任编辑：孙　静　　　　　　　　　　　封面设计：杨鑫宇

民营经济促进法热点法律问题十五讲
MINYING JINGJI CUJINFA REDIAN FALÜ WENTI SHIWU JIANG

著者/肖京
经销/新华书店
印刷/三河市紫恒印装有限公司
开本/710 毫米×1000 毫米　16 开　　　　　　　印张/ 15.75　字数/ 176 千
版次/2025 年 6 月第 1 版　　　　　　　　　　　2025 年 6 月第 1 次印刷

中国法治出版社出版

书号 ISBN 978-7-5216-5269-7　　　　　　　　　　定价：59.00 元

北京市西城区西便门西里甲 16 号西便门办公区
邮政编码：100053　　　　　　　　　　　　　　　传真：010-63141600
网址：http://www.zgfzs.com　　　　　　　　　　编辑部电话：010-63141787
市场营销部电话：010-63141612　　　　　　　　 印务部电话：010-63141606

（如有印装质量问题，请与本社印务部联系。）